Usbekistan –
Seidenstraßenabschnitte rund 2.500 Jahre danach

Ingeborg Pauli und
Peter M. Kunz

Stand 05. Juni 2011

Inhaltliche Schwerpunkte

Vorgeschichte zu diesem Buch

Von Peter hatte ich, Ingeborg, zum Geburtstag 2003 das Buch mit dem Titel „Samarkand - eine Reise in die Tiefen der Seele" [Olga Kharitidi – List-Verlag] geschenkt bekommen. Irgendwann, ich weiß nicht mehr, wann genau ich es gelesen habe: Aber auf jeden Fall hatte es mich so angesprochen, wie die Hügel des Afrosiyob, die Basare in Samarkand beschrieben waren – ein „glanzvolles Antlitz der Erde" - dass wir beschlossen, uns aufzumachen, das uralte Wissen um die Energie-Orte (aber auch die Orte der Zerstörung) tiefer zu ergründen. Viele Szenen spukten in meinem Kopf herum, mal mehr oder weniger präsent, bis aus der Idee tatsächlich eine Reiseplanung wurde.

Mit einigem Material – dem Reiseführer von Judith Peltz: „Usbekistan entdecken". und einer Straßenkarte Zentralasien im Maßstab 1:1 700 000 und einigen Internetrecherchen hatte ich über Weihnachten eine mögliche Route abgesteckt, die Plätze die wir unbedingt sehen wollten und die ungefähre Zeitdauer. Aus den erst einmal geplanten drei Wochen waren dann im Endeffekt 15 Reisetage geworden. Dies war auch der Grund dafür, dass wir vorwiegend auf der „Touristenroute" unterwegs gewesen waren und nicht fernab davon Menschen begegnet sind, die uns von unseren Gesprächspartnern als besonders liebenswert beschrieben wurden.

Zu diesem Buch ist es gekommen, weil wir mehrfach angesprochen wurden, ob wir nicht unsere Aufzeichnungen zu einem „Gesamtwerk" zusammenfassen wollten. Peter schreibt nämlich zu jeder seiner Reisen Impressionen auf, die er danach einem kleineren Kreis von Lesefreunden per email zuschickt. Ich schreibe regelmäßig mein „Reisetagebuch", eigentlich nur für mich / für uns, damit ich auch nach Jahren nochmals nachlesen kann, wo wir wann gewesen sind und was wir so alles gemacht haben.

Also: nun wagen wir einmal diesen Schritt eines gemeinsamen Projektes: Meine Aufzeichnungen sind tagebuchartig und chronologisch geschrieben – mit eigenem Bildmaterial angereichert - Peter´s Aufzeichnungen finden sich eingeschoben in einzelnen Boxen wieder; sie greifen einzelne Eindrücke kommentierend auf.

Ingeborg Pauli, Mai 2011

Unser „Projekt" ist auf „Nachfrage" entstanden, weil etliche Bekannte von uns wissen wollten, wie es denn so gewesen sei. Es ist also kein Reiseführer und auch keine Beschreibung Usbekistans als Bildatlas; es ist ein persönliches Reisetagebuch, das – vielleicht – vor dem Antritt einer Reise Land und Leute näher bringt.

Peter M. Kunz, Mai 2011

© 2011 Ingeborg Pauli und Peter M. Kunz, D-71665 Vaihingen an der Enz
Herstellung und Verlag: Books on Demand GmbH, D-22848 Norderstedt
ISBN 978-3-8423-6486-8

Reisevorbereitungen

Direktflüge nach Tashkent gibt es ab Frankfurt nur mit der Usbekistan Airline, die im Winterhalbjahr zweimal wöchentlich direkt fliegt; ansonsten gibt es noch Möglichkeiten mit Lufthansa über Istanbul bzw. über Moskau nach Tashkent zu kommen (und natürlich noch viele auf dem Landwege). Da ich nicht so gerne fliege, war mir ein Non-Stop-Flug mit 6 Stunden weniger stressig – außerdem genießt die usbekische Fluggesellschaft einen ganz guten Ruf und nachträglich erfahre ich von einem Piloten, mit dem wir an unserem letzten Tag im Hotel in Tashkent ins Gespräch kamen, dass eine Fluggesellschaft, die Frankfurt anfliegen darf, schon über einige wesentliche Sicherheitsstandards verfügen muss, damit Sie überhaupt Start- und Landeerlaubnis bekomme. Also buchen wir Uzbekistan Airlines non stop.

Die Zeit vor der Abreise ist wie immer für mich hektisch und am Arbeitsplatz müssen alle Altlasten weg und Neulasten vorausschauend abgearbeitet werden, so dass ich von Glück sagen kann, dass ich doch noch gerade mal drei Tage vor dem Abflug in den Usbekistan-Reiseführer (Reise-Know how 2008) unter Reisetipps von A bis Z schaue und mir die Empfehlung, „US-Dollars mitzunehmen" ins Auge springt. Es gäbe zwar Banken, aber die haben so gut wie keinen Cash, der Euro sei in Usbekistan fast nicht bekannt, Geldautomaten gäbe es so gut wie gar keine im Land und die Bevölkerung, vor allem außerhalb der Hauptstadt, akzeptiere nur Bares und zwar in Landeswährung dem SUM. Oh je: Wo kriege ich auf die Schnelle jetzt noch Dollars her? Bei meiner Online-Bank welche zu bestellen, war definitiv zu spät, das würde einen Tag vor Ostern per Post nicht mehr ankommen. Also habe ich die Sparkassen in der Umgebung abtelefoniert, ob es dort noch gut bestückte Barbestände an Dollars gäbe. Und tatsächlich: Bei der Kreissparkasse, gegen eine Bearbeitungsgebühr von 12 kann ich 1.000 € gegen 1.266 US-Dollar tauschen (was viel zu viel gewesen war, ich kann's an dieser Stelle schon verraten, so viel Dollars hätten wir gar nicht gebraucht).

Karfreitag, 10 April 2009, Feiertag, wir haben ab heute Urlaub und freuen uns schon mächtig auf >irgendwie< ein „Abenteuer": Ich kann in Ruhe meinen Koffer zuhause in Vaihingen an der Enz packen, meine Aquarien und die Zimmerpflanzen versorgen, um dann ganz gemütlich nach Mannheim zu fahren und gelassen auf „meiner" „Insel" – bei Peter „Am Oberen Luisenpark" den Rest des Tages zu verbringen. In meiner „Oase" mit schönem Blick auf einen mit alten Bäumen bewachsenen, trotzdem aber noch lichten Garten fühle ich, dass mein Urlaub beginnt, es kehrt Ruhe in mir ein.

Ausblicke und Einblicke – Weitblicke ?

Bilder, die Karl May mir in meinen jugendlichen Kopf hineingeboren hatte (das wilde Kurdistan etwa), verbunden mit einigen Schwarz-Weiß-Filmen aus dem Vorabendprogramm als es erst zwei Fernseh-Programme gab, und jüngere Erinnerungen an

---

wuselige, arabische Märkte im Maghreb, schienen in mir auf und blitzten wieder ab, je länger ich mich in Usbekistan umgetan hatte: ich konnte die Phantasie in keiner Weise mit der Realität übereinander legen. Insofern war die Reise glatt ent„täuschen"d.

Eingetauscht habe ich aber dafür viele reale Bilder einer weiteren zentral-asiatischen, ehemaligen Sowjetrepublik (ich war 2003 bereits einmal in Kirgisistan und kurz in Kasachstan gewesen). Ich habe einen Stachel gesetzt bekommen, einmal mehr darüber nachzudenken, wie politische Systeme kulturelle Eigenheiten übertünchen können. Usbekistan war für mich wie ein Film mit Untertiteln, zusammengesetzt aus farbigen und schwarz-weißen Szenenausschnitten, wie man es kennt, wenn der Regisseur historische Einblendungen vornimmt.

Das lebendige Usbekistan sind überwiegend „junge Menschen", deren Gesichtszüge Zukunftsoffenheit ausstrahlen.

Sie werden diese Orientierung „offen für die Zukunft" auch brauchen, besonders rosig sieht sie nämlich aktuell nicht aus.

Können sie sich ihr Lächeln im Gesicht bewahren? Und bringen sie ihre Handy-Kultur mit der Plumpsklo-Kultur und der Diktatur unter einen Hut? wird eine zentrale Frage sein.

1. Tag (Samstag)

Transfer zum Flughafen Frankfurt Main

Direktflug mit Uzbekistan Airways HY232 ab FRA 11:40 Uhr nach Tashkent TAS 20:40 Uhr

*Übernachtung im Hotel Intercontinental **Tashkent***

So steht es im Reiseplan. Die Nacht war etwas unruhig – Reisefieber, aber das ist ganz normal. Wir wachen ohne Wecker auf. Das Taxi zum Bahnhof ist auf 8.10 Uhr bestellt und eine halbe Stunde später sitzen wir im ICE von Mannheim nach Frankfurt Flughafen. Wir sind früh, so dass wir noch genügend Zeit haben, uns mit einem Rührei-Frühstück zu stärken. Von hier haben wir einen schönen Blick auf die startenden und landenden Flugzeuge

… und einen frühlingshaften, blauen Himmel.

Wir checkten pünktlich ein, müssen allerdings in der Maschine noch auf Fluggäste aus dem Transit warten. Die Maschine war halb leer, so dass jeder von uns einen Fensterplatz nutzen konnte. Nach 6 Stunden Flugzeit und 3 Stunden Zeitverschiebung kamen wir um 21.05 Uhr in Tashkent an. Durch die Passkontrolle waren wir schnell durch, unser Gepäck war auch vollständig angekommen. Am Ausgang trafen wir einen freundlichen, auf mich schüchtern wirkenden jungen Mann mit einem Täfelchen mit unseren Namen, der uns zum Hotel bringen würde. Der „Reiseführer" hatte recht: Nicht einmal am Flughafen sehe ich einen Bankautomaten oder Geldwechselschalter.

Wir fuhren in gut 15 Minuten durch das nächtliche Tashkent, das im ersten Eindruck aufgeräumt wirkte und mich an Bischkek, Hauptstadt von Kirgisien, erinnerte, das wir vor fünf Jahren besucht hatten. Angesichts der ähnlichen Plattenbau-Bauten sehen wohl alle ehemaligen russischen, eigentlich korrekt: sowjetischen Städte für mich ähnlich aus. Im Hotel Intercontinental (5*) hatten wir ein richtig schön großes Zimmer, mit Badewanne zum Ausspannen vom Flugzeugsessel. Rasch ging es aber dann ins Bett, da die Nacht nur kurz für uns gewesen war.

Die Geldfrage

Es heißt zwar bei uns „Sum-Sum-Sum, Bienchen flieg herum", doch die usbekischen Zahlungsmittel kann man in Deutschland nur sehr aufwändig organisiert bekommen, obwohl sie – man staune – in deutschen Notendruckereien hergestellt werden.

Wie wir auch in Erfahrung bringen konnten (es gibt eine deutsch-usbekische Gesellschaft, deren Präsidentin geduldig Auskunft über meine gestellten Fragen per email und Telefon gegeben und mir auch sonst noch wichtige Hinweise und Ansprechpartner vermittelt hatte), kann man am Flughafen nur Sum (Name der Landeswährung) schwarz kaufen, wovon sie uns abriet. Es gibt keine Automaten, wo man mal eben eine Plastikkarte reinsteckt und Geldnoten ausgelesen werden. US-Noten sind zwar im Umlauf, man darf oder soll damit aber nicht bezahlen (beispielsweise machen Folder auf Hotelrezeptionsdresen darauf aufmerksam, dass nur Sum cash genommen werden).

Ungewohnt für uns zwar, aber nun denn, sind wir quasi „ohne Geld" von einem Fahrer der von uns beauftragten Reiseorganisation (wir organisieren unsere Reisen über LESSER in Baden-Baden, der uns nach unseren Wünschen von lokalen Reiseunternehmen Entsprechendes individuell zusammenstellen lässt) ins Hotel Intercontinental gebracht worden. Nach dem etwas langwierigen Einchecken am Counter, was ich Phlegma, jugendliche Unerfahrenheit gepaart mit geistiger Uniformiertheit in Hoteluniform zugeschrieben habe, hatten wir zwei Zimmerplastik-Kärtchen in Händen – aber immer noch kein Geld.

Also wechselten wir den Counter, man zeigte uns, dass es hinter einer der tragenden Säulen des Hotels hinter einer Glasfront „money" gäbe. Der IKEA-Rollo war aber heruntergelassen, obwohl angeschrieben stand, dass erst von 1 bis 2 Uhr in der Früh wieder eine Bankpause eingelegt werden würde. Sozialismus hin oder her – ich klopfte an die Scheibe und ein Maunzen von zwei bildhübschen Geldzählerinnen bedeuteten mir, dass wir gleich unsere 300 $ in Sum tauschen dürfen können würden.

Angesichts des Schatzes Fata Morgana hinter der Glasscheibe geduldeten wir uns und mussten auch gar nicht so lange vor den uniformierten staatlichen Bankdamen stramm stehen, um nach endlicher Zeit einen „Backstein" mit ca. 25 mal 50 Zentime-

ter Geldscheinen á 1.000 Sum vor uns zu haben, die insgesamt 584.000 Sum zählten. Wir hatten keine Plastiktüte oder Ähnliches dabei, so dass ich notgedrungen – und kam mir vor wie Dagobert Duck – mir die Bündel á 100.000 Sum in die Manteltaschen stopfte, aus denen sie hervorquollen wie bei den Panzerknackern nach einem gelungenen Coup. Schnell verschwanden wir mit dem gläsernen Fahrstuhl in unser Zimmer und legten die Bündel – ohne nachzuzählen (ich glaub', das war bisher das erste Mal) – in den Safe und gingen schlafen. Seit dieser Nacht kann ich dem Dagobert nachfühlen, dass viele Scheine das Gemüt beruhigen.

Wenn ich jetzt noch aufschreibe, dass wir nach 15 Tagen am Ende der Reise im Flughafen unsere restlichen Sums nicht los geworden waren und immer noch davon ein paar Sums im Reisegepäck angekommen in Deutschland hatten, dann korreliert der Mathematiker unter den Lesern, dass – zumindest manches Mal – viel Schein auch Sein ist.

Nichtsdestotrotz hat es eine Weile gedauert, bis wir ein „Gefühl" für das Geld hier bekommen haben: wir haben in Nukus auf dem Basar eingekauft wie die Paschas, da die Schätze der Lebensmittelanbieter einfach viel zu verlockend waren: geschälte ganze Walnüsse, getrocknete Aprikosen, Zitrusfrüchte aus dem Ausland kosteten ein Vermögen und uns fast nichts.

Ich denke, dass usbekische Menschen in unseren Spielcasinos gute Arbeitsmarkt-Chancen finden würden – mit welcher Geschwindigkeit sie manuell Geld durch ihre Finger gleiten lassen und Geld zählen können, zeugt von hoher Sportlichkeit und mathematischer Brillanz. Und wo diese fehlt, gibt es Zählmaschinen: Wir standen mal wieder (am Ende der Reise) vor dem Counter der geistig etwas unter genügend Licht herangewachsenen Livrierten mit der Macht von Hilfs-Sheriffs und warteten darauf, dass wir die Hotel-Check-Ins unterschrieben bekamen, die man bei der Ausreise am Zoll vorzeigen muss. Im Hintergrund dazu spielte sich die folgende Szene ab: eine junge Frau im blauen Kostüm schleppte eine Maschine an den Tresen und brachte einen Pappkarton herbei, der bei uns jenen handlichen Supermarkt-Kunststoff-Klappkisten vom Volumen her entspricht, nur dass dieser mit einem undurchsichtigen Material abgeschirmt war. Vor dem Tresen stand ein netter Mann im Anzug mit zwei dicken Plastiktüten, aus denen er im Rhythmus eines Walzertänzers stapelweise Geldscheine auf den Tresen hievte, welche die besagte Blaue in einen Zählautomaten legte, um das Gekröpf des Automaten anschließend in der Box zu verstauen.

Angesichts der Übernachtungspreise von über 200 US-$ pro Nacht im Doppelzimmer fantasierte ich mir zusammen, dass hier ein Vertreter eines deutschen Reiseunternehmens die Hotelrechnung für 10 oder 20 Reisende (GEBECO, STUDIOSUS und wie sie alle heißen, sind uns Kohortenweise begegnet) cash bezahlt hat – auch ein Art, wie man ein abendfüllendes Programm gestalten kann.

2. Tag (Sonntag)

*Transfer zum Flughafen, Check in 05:15 Uhr, Flug HY1001, Inlandsflug nach **Nukus**. Ankunft 09:45 Uhr. Abholung durch Fahrer*

*Fahrt nach **Moynak** (210 km, ca. 3 Std mit Auto) 2 Übernachtungen im Gästehaus.*

Den Wecker, den ich auf 4.55 Uhr gestellt hatte, hatten wir entweder überhört oder er hatte nicht geklingelt. Richtig erschrocken schreckten wir hoch, als um 5 Uhr der Morning-Call von der Rezeption kam, den wir sicherheitshalber beauftragt hatten. Schnell noch unter die Dusche, Koffer zu und runter zum Empfang. Mal sehen, ob wir zu dieser Zeit schon einen Kaffee oder Tee ergattern würden. Schließlich wurden wir in die Bedienung eines Café-Automaten eingewiesen, der tröpfchenweise die begehrte Brühe freigab. Auf dem Weg zum Flughafen konnten wir die noch um diese Zeit leeren Straßen von Tashkent aus verschlafenem Augenwinkel zum ersten Mal bei Tageslicht begutachten: der erste Eindruck „sehr aufgeräumt" bestätigte sich.

Wir wurden zum Terminal für Inlandsflüge gebracht. Unser Begleiter half noch beim Check-In und dann sahen wir einfach mal locker, was wie weitergehen würde.

Das Flugzeug, eine alte Propeller-Maschine, hatte mich allerdings doch etwas in Erstaunen versetzt. Die Sitze: wackelig, durchgesessen, die Metallstreben bzw. die Knie des Hintermanns hatte ich im Kreuz. Nach meinem Verständnis hätte diese Maschine auch durchaus im Technik-Museum Sinsheim einen Platz gehabt. Ich wollte jedoch nicht jammern – wir waren schließlich wohlbehalten nach 2½ Stunden Flugzeit in Nukus gelandet.

Beim Aussteigen pfiff mir gleich ein eisiger Wind um die Ohren. Es war spürbar um einige Grade kälter als in Tashkent. In Nukus wurden wir von einem Herrn Tazabay abgeholt. Nun gut, das Abenteuer war losgegangen.

Den Redeschwall des Reiseleiters bremsten wir erst einmal, indem wir auf ein Frühstück bestanden, da es im Flieger nichts zu frühstücken gegeben hatte. Wir fuhren also in die Stadt, in ein Café, das wir als solches sicherlich selbst nie ausgemacht hätten. Wir bekamen Spiegeleier, Brot und Kaffee. Unsere Fahrer luden wir ein, auch wenn sie sich rasch abseits an einen extra Tisch gesetzt hatten. Wir hatten für diese Tour zwei Fahrer, einen, Woja, der uns zum Aralsee fahren würde, und einen, der mit uns danach die gesamte Tour machen würde, Nikolai. Er sprach allerdings kein Wort englisch geschweige denn deutsch und ich kann wiederrum außer „spasiba" (Danke) kein Wort russisch oder usbekisch.

Nach dem Frühstück besuchten wir den Markt in Nukus, um Obst, Nüsse, Wasser und alles zu kaufen, von dem wir dachten, dass wir es in den nächsten Tagen brauchen, da uns der englisch sprechende Reiseorganisator vermittelt hatte, dass es in Moynak quasi nichts zu kaufen und nichts zu essen gäbe.

Moynak läge am Ende der Welt – und es war auch so.

Flug nach Nukus und Moynak, die erste

Ein Fahrer hatte uns früh um 5.30 Uhr im Hotel – ohne Frühstück, leider – abgeholt und zum nationalen Teil des Tashkenter Flughafens gebracht. Hier schleppten wir erst einmal unser Gepäck ohne Hilfe (wie auch beim Einchecken in das 5er half uns niemand mit den Koffern ins Zimmer) und ohne Rolltreppe oder so in das erste obere Stockwerk, wo der mäßig belagerte Counter ein etwas müde wirkendes Papierchen als Flugticket akzeptierte. 7 Uhr Abflug hieß 7 Uhr Einsteigen in einen Bus, der uns zur Maschine brachte, die sehr gut gelüftet gewesen worden war: unsere Wintersachen hatten wir glücklicherweise noch nicht im Koffer verstaut gehabt und behielten sie erst einmal komplett an (für solche Reisen haben wir uns ohnehin ein „Schalensystem" angewöhnt, so dass wir uns Zug um Zug auspellen könnten, wenn es uns warm wird). Unsere persönliche Polsterung war auch deshalb gut, weil mein Sitz schon mächtig durchgesessen worden war und mein Kreuz mehrfach Bekanntschaft mit einem stählernen Querbügel machte, während das Fliegerchen sich auf dem Rollfeld und in der Luft bewegte. Ich hatte massiv den Eindruck, dass mein Sitz nur durch den gehäkelt wirkenden Schonbezug zusammengehalten wurde.

Das Interieur des Maschinchens – hellblauer Anstrich bis Schulterhöhe, die bulligen Augen der Fensterchen durch ockerfarbene, orientalisch bestickte Gardinchen eingerahmt, usw. – erinnerte mich an eine Küchen-Ausgestaltung aus den oben schon erwähnten 60igern mit zwei Fernseh-Programmen und an ein Schlafzimmer. Beide Assoziation kamen mir einerseits ausgelöst durch den gewaltigen Knoblauchgeruch einheimischer Passagiere und andererseits, weil sich nach wenigen Minuten die Kabine in einen Schnarch-Orchestergraben verwandelte.

Das anarchistische Verhalten, das mich schon im Landeanflug nach Tashkent am Abend zuvor in einer Maschine von Usbekistan-Airlines gewundert hatte (zum Beispiel war eine junge Mutter mit ihren beiden Kindern 50 Kilometer respektive 3 Minuten vor der Landung noch ungehindert auf die Toilette gegangen, … Zum Beispiel holten einige Usbeken schon auf der Rollbahn ihr Gepäck aus der oberen Ablage und ließen die Klappe offen stehen … Zum Beispiel wurden die Handys auf den letzten Flugmeilen vor der Rollbahn schon wieder angestellt …), steigerte sich anarchisch heute früh noch, in dem unsere Sitzplatz-Zuweisungen auf dem Flugticket ignoriert wurden und jeder sich dort hinsetzte, wo es ihm passte, bzw. nahm, was übrig blieb, die Handys noch während des Startens benutzt wurden und bereits während der Landung schon wieder klingelten …

Nichts für ungut: wir sind lebendig jeweils angekommen und wurden erst einmal von zwei Fahrern mit zwei Fahrzeugen und einem Organisator in Empfang genommen, dem wir erklärten, dass wir noch nichts (da die Toiletten in der Propeller-Maschine zu klein waren, hatte es wohl auch kein Frühstück gegeben) gefrühstückt hätten und jetzt erst einmal den Tross zum Frühstücken einladen würden, was die beiden Fahrer auch gerne angenommen hatten.

Bei dieser Gelegenheit machten wir Bekanntschaft mit dem nationalen Frühstück aus Spiegelei und Wurst und Gurken- und Tomatenscheiben, das sich so lange wiederholte, bis wir in gehobeneren Hotels auf ein Frühstücksbuffet trafen (wenn ich künftig von x schreibe, meine ich die Wurst, von y die Gurken und Tomaten und z kommt noch). Und Bekanntschaft mit einer Vorstellung, die wir so nicht mitgebracht hatten: Der örtliche Reiseorganisator, der im Gegensatz zu unseren Fahrern glücklicherweise recht gut englisch sprach, fragte uns vorsorglich, ob wir denn genügend zu essen eingepackt hätten (angesichts der Tatsache, dass man offiziell keine Lebensmittel einführen darf, eine eher sophistische Frage, insbesondere auch, weil es gerade mal Sonntag früh war und wir wohl kaum auf dem Weg zum Flughafen noch „shoppen" hätten gehen können). Er teilte uns mit, dass es in Moynak kein einziges Restaurant geschweige denn auch keine Möglichkeiten für Lebensmitteleinkäufe mehr gäbe. Im Ergebnis: wir hatten ja nicht, so dass er per Handy die zusätzlichen Mahlzeiten orderte (zwei Übernachtungen mit Frühstück hatten wir ja schon gebucht gehabt), ohne zu wissen, welche kulinarischen Spezialitäten sich für uns dadurch auftun würden. Zur Sicherheit besuchten wir nach dem Frühstück aber noch den Basar in Nukus und deckten uns mit Nüssen, getrockneten Aprikosen usw., Wasser und frischem Obst (Bananen aus Kirgistan) ein, bevor wir im Jeep gefolgt von unserem eigentlichen Fahrer in einem DAEWOO Ausführung Nexia gen Moynak aufbrachen.

Zunächst legten wir gut 200 km auf relativ gut ausgebauten Straßen in fast zwei Stunden zurück.

Moynak wirkte auf mich als eine sterbende Stadt. Trist, eine schier nicht enden wollende Hauptstraße, die von Häuserruinen gesäumt ist. Früher – in den 80er Jahren des 20igsten Jahrhunderts gab es hier noch eine Fischkonservenfabrik mit 23.000 Mitarbeiter, noch etwas früher in den 70er Jahren war Moynak eine Insel im Aralsee – heute ist das Ufer des Aralsees nunmehr 160 km weit weg. In der „Kernstadt" leben aktuell noch gut 2.000 Menschen, in der gesamten Region circa 10.000.

Am Ende der Straße: In einem Gästehaus – es gibt schon gar keine Hotels mehr in Moynak – wurden wir freundlich empfangen.

Abb. 1: Unser „Gasthaus" in Moynak

Dieses Haus hätten wir ohne einen Kenner der örtlichen Lage nie gefunden, denn von Außen deutete nichts darauf hin, dass sich hinter diesem Bretterverschlag ein „Guesthouse" befinden könnte: Es war einfach, sauber und aufgeräumt.

Die Großmutter des Hauses führte uns in die Stube. Erst mal Schuhe ausziehen: Hier zieht man Hausschuhe an oder geht auf Strümpfen durchs Haus. Dann ging es durch die mit Teppichen ausgelegte Wohnstube der Familie in ein großes „hinteres" Zimmer, das für uns als Speiseraum gerichtet worden war.

Abb. 3: Abendessen mit Wörterbuch – sitzliegend: links Nikolai, rechts Woja

Tagsüber ging das ja noch an – aber abends im Dunkeln mit der Taschenlampe zwischen den Zähnen war es schon etwas komplizierter (beim nächsten Mal nehme ich eine Stirnlampe mit).

Abb. 2: Gastgeberfamilie zu Tisch (ip)

Dahinter lag unser Schlafzimmer, es hat gut und gerne 30 – 35 m^2. An der Wand befand sich ein einfaches Sofa, in der Mitte ein flacher Tisch, ca. 40 cm hoch und jede Menge Teppiche lagen verstreut am Boden und an der Wand, sonst gab es nichts. Unser Bett würde abends auf dem Boden gerichtet werden.

Die Toilette lag außerhalb, wir mussten über den Hof, wenn wir „mussten": es handelte sich um ein einfaches Plumpsklo, das es vor 50 Jahren bei uns z.B. in den Berghütten auch noch gegeben hatte (allerdings komfortabler, weil mit Sitz). Hier waren einfach Bretter über ein Loch auf dem Boden gebrettert, über die man sich richtig positionieren musste, um zu „treffen".

Abb. 4: Toilettenhäuschen in unserem Gasthaus (ip)

Nach der Ankunft bekamen wir Tee und ein kräftiges Mittagessen, aus gekochten Kartoffeln, Fleisch und Karotten, eine Art Eintopf – aber sehr schmackhaft.

Moynak, die zweite

Moynak ist ein Straßendorf, das sich rund 4 oder vielleicht 5 Kilometer entlang einer Durchgangsstraße ausstreckt. Nur wenige Seitenstraßen zweigen davon ab, zu überwiegend ausgestorbenen Häusern, einem letzten Rest eines wasserartigen Tümpels, in dem die ab und zu einmal ankommenden Restwässer des Amudarja gesammelt werden und eben jener ehemaligen Schiffsanlegestation, in der die Überbleibsel ausgeschlachteter Schiffswracks verrosten. Ehemalige größere Seitenwände der Schiffe dienen heute dem Schutz der Vorgartenpflänzchen, die sich im Schutz der Metallplanken vor Stürmen wegducken müssen, da sich das Klima gegen sie und die Menschen gewendet hat.

Als wir in Moynak eingefahren wurden, hatte ich am Ortseingang eine Busstation ausgemacht und hatte auch ein Schild entdeckt, das auf ein Café hinwies. Geschäfte konnte ich allerdings nicht entdecken, sehr wohl aber den – geschlossenen – Basar: ein umzäuntes Areal, in dessen Innern Betontische angebracht waren, um die normalerweise entsprechende Warenangebote ausgebreitet werden können – aber an keinem der Tage, an denen wir in Moynak waren, sah ich Leben auf dem Basar.

Ziemlich am Ende der Straße hielt unser Jeep vor einem eher unscheinbaren, einstöckigen mit Wellblech gedeckten Gebäude, es war kein Schild einer Pension zu sehen; es war trotzdem unser „Guesthouse"; Herberge für drei Tage und zwei Nächte. Ich fühlte mich „gestrandet". Begrüßt wurden wir herzlich von Aruja, die einen Säugling auf dem Arm hielt, und hinter der zwei Söhne aus dem Haus traten und danach auf Stöcken die beleibte Schwiegermutter.

Die alte Dame war übrigens die einzige Person im ganzen Ort, die mir nicht nur körperlich als übergewichtig aufgefallen war. Hier begegneten mir ausschließlich sehr schlanke, häufig außerordentlich attraktive, überwiegend junge Menschen. Mir fallen meistens „natürlich" zuerst die Frauen auf: und obwohl sie am Ende der Welt leben (müssen), stöckeln nicht wenige in Miniröckchen mit Schuhen über den Lehmboden, deren Absätze eher auf Parkett gehören (laszives, Appetit-anregendes Drumherum kennt man ja von Frauen aus der ehemaligen Sowjetunion). Auch der Bademantel, den Aruja im Hause immer trug und der sicherlich kulturell als „anständig" und „normal" einzustufen ist, hat eher etwas Verführerisches.

Quasi ein Pflichtprogramm: wir fuhren zum „Schiffsfriedhof" an die Ufer des einstigen Aralsees. Hier liegen einige skelettierte Schiffsrümpfe im Sand.

Mit uns sind noch drei Japaner auszumachen, wir waren die einzigen Touristen in diesen Tagen – nach Moynak verirrt sich niemand mehr.

Zurück in der Pension zogen wir nochmals auf eigene Faust los – um festzustellen – hier ist wirklich „nichts los". Die einfachen Häuser sind von Bretterzäunen umgeben, in denen immer wieder rostige Eisenplatten der Schiffsskelette eingebaut sind.

Abb. 5 – 7 (Ip): Schiffsfriedhof in Moynak – der Aralsee hat sich 160 km von hier zurückgezogen

Ein paar Ziegen und Hühner, ab und zu auch Rinder, die in holzgezimmerten Stallungen hausen und im Sandboden nach Futter suchen, sehen wir hinter Zäunen. Vereinzelt sind Menschen auf der Straße, es wirkt alles eher sehr ruhig, farblich hebt sich nichts ab, alles Ton in Ton, Stein, Sand, graues Bretterholz, die Men-

schen tragen auch eher dunkle, gedeckte Farben.

Obwohl wir Frühling haben, sind die wenigen Bäume von Sand und Staub grau überzogen.

Abb. 8: Trinkwasser-Leitungen entlang der Straße in Moynak

Im „Reiseführer" hatten wir gelesen, dass man in Usbekistan gut Trampen könne: Stimmt, wir haben es ausprobiert. Bei der Herfahrt hatten wir ein Schild „Café" entdeckt, allerdings sehr weit weg von unserem Gästehaus, was zu Fuß uns zu weit erschienen war. Wir probierten es aus: einem heranfahrenden Auto zugewunken und schwupps sind wir drin. Für die ca. 3 km Fahrt drückten wir dem Fahrer 1.000 Sum in die Hand und ernteten dafür ein ganz herzliches, Goldzahn-bestücktes Lächeln – unser Obolus war also nicht zu wenig gewesen.

Das „Café" hatte „zu" und nun? Wir fanden dann einen >eher getarnten< Laden, der so alles mögliche verkauft, wie Bier und Limonade. Also wieder zurück in die Pension – ein Stück zu Fuß und dann wieder mit dem Daumen nach oben und dem Stichwort „Konservenfabrik" gelangten wir in die Nähe unseres Gasthauses.

Abb. 8: ehemaliges Eingangstor zur Konservenfabrik mit über 20.000 Arbeitern

Abb. 9: Ruine Fabrikanlage der Konservenfabrik in Moynak

Trampen

In Moynak machten wir auch die schöne Erfahrung, dass man auf der Straße Autos anhalten und einfach nur „Café" sagen kann und der Fahrer mit seiner Frau auf dem Beisitz einen Umweg macht, um uns auf dem Rücksitz zu „dem" Café zu fahren – es gibt eben nur eins, das ich früh bei der Einfahrt in dieses Örtchen gesehen hatte – und dann zu wenden, um seinem ursprünglichen Ziel entgegen zu steuern – 1.000 Sum mehr in der Tasche.

Auch zurück fuhren wir – problemlos. Wir hatten durch Erfahrung die Erfahrung gemacht, dass man nur die Menschen eine Weile beobachten muss, um zu sehen, wo was „los" ist und wo hinter unscheinbaren Türchen unscheinbare Schätze, wie Pivos (Bierchen), gegen wenige Scheine getauscht werden können. Eingedeckt mit „Schätzen", von denen man uns ja in Nukus erzählt hatte, dass es sie nicht gäbe, schwer und die Beine müde, hielten wir vorbeifahrende Autos an, und kaum fragte ich „conserva", waren wir auch schon da, weil jeder assoziierte, dass wir zur Konserven-Fischfabrik wollten, in deren Nachbarschaft unser Guesthouse lag.

Zur Familie gehörte neben der erwähnten Schwiegermutter noch die 37 jährige Aruja, die das Haus führte (offiziell). Neben dem ältesten Sohn – etwa 15 Jahre – gab es den „Mittleren" etwa 13 und den „Irlan", das Nesthäkchen mit 2. Meist aus seiner sicheren Position auf dem Arm der Mutter interessierte er sich für alles: insbesondere zeigt er größtes Interesse für unser mitgebrachtes Gebäck – die westliche Verpackung war für ihn spannend.

Für mich ist dieses Leben hier in seiner Einfachheit spannend. Ich bin nicht gewohnt, in dicken Decken auf dem Boden zu schlafen oder auf dem Boden zu sitzen – im ganzen Haus haben wir keinen Stuhl gesehen. Die Usbeken sitzen bzw. liegen gemütlich in weichen Kissen um den flachen Tisch.

Mir tun schon nach einer halben Stunde Sitzliegen alle Knochen weh, so dass ich nicht mehr weiß, wie ich mich

Abb. 10: Aruja, unsere Gastgeberin, und Irlan, das Nesthäkchen

zum Abendessen an dem Tischchen platzieren soll – jeder Versuch eine bequemere Haltung einzunehmen, muss nach außen hin sehr unbeholfen wirken. Die Fahrer, die uns gegenübersaßen, lächelten nur – sagen wir mal – verständnisvoll.

Das Essen bestand aus gefüllten Teigtaschen in Fleischbrühe, als Nachtisch gab es Kefir. Peter wollte dem Staub des Tages noch mit einer Dusche zu Leibe rücken, was auch glückte, aber auch lustig war. Im Badehaus, außerhalb des Hauses, war es dank Gasofen wohlig warm. Es gab eine Badewanne und zwei große Wassertöpfe mit heißem Wasser, daneben einen Eimer mit kaltem Wasser zum Abmischen. Also, man bereite sich in einer Schüssel eine gut temperierte Mischung Wasser, stellt sich in die Badewanne, seift sich ein und spült sich Schöpfkellen weise wieder ab.

Nun mussten wir erst mal die Eindrücke des Tages verarbeiten und uns auf eine Nacht auf dem Boden einstellen.

Moynak, die dritte - das Gasthaus

Apropos Bademantel: Das Anwesen verfügte „auch" über ein Badezimmer, das aus einem eigenen Häuschen mit zwei Räumen bestand. Im einen brannte eine Gasflamme unter einem Kessel, den man als Boiler bezeichnen könnte und von dem ab ein dickes Rohr über Kopf aus dem Häuschen abzweigte, um sich zum Wohngebäude hinüberzuschwingen, in dem es verschwand, um an der Außenwand entlang rund herum in jedes Zimmer zu reichen.

Im ersten Raum, wo sich die Familie überwiegend aufhielt, strahlte es noch gut Wärme ab, im zweiten dahinter, wo Aruja nächtigte, sicherlich auch noch; in unserem Zimmer kam so gut wie keine Wärme mehr an und im Zimmer, wo wir speisten und die Fahrer nächtigten, war das Rohr dann endgültig „kalt".

Zurück zum Bad: Neben dem Heizungsraum befand sich eine Badewanne, die man mit einem Holzkeil und einem Lumpen abdichten konnte. Fließendes Wasser gab es aus Schöpfkellen, die man abwechselnd in große verzinkte Kochtöpfe tauchen konnte. Einer der Töpfe stand auf einem ebenfalls gasbefeuertem Herd und köchel-

---

te munter vor sich hin. Das Wasser für die Speisung der Töpfe stammte aus einer Wasserleitung, die abenteuerliche Wege hinter sich hatte und – wohl illegal – in einer Grube zu einem Wasserhahn abzweigte, unter den eine Gießkanne passte. Einer der Buben war wohl der „Wassermeister", der die einzelnen Zapfstellen, wie den Waschtisch, über den bzw. über die noch zu schreiben sein wird, aufzufüllen hatte. Angesichts dieser Versorgungssituation haben wir natürlich nicht die Badewanne benutzt, sondern lediglich die Schöpfkellenduschmethode, über die wir weiters nur mündlich berichten werden.

Über die Wasserleitungen geben unsere Fotos Aufschluss: rechts und mal links der Straße begleiten den aufmerksamen Betrachter rostbraune Leitungen, die teilweise rechtwinklig nach oben abknicken, wenn der Verlegungstrupp der Auffassung gewesen ist, dass eine Straße oder Zufahrt frei bleiben muss. Vielfach wirken die Rohre wie Leitplanken. Über die Wasserqualität sollte man sich keine allzu großen Gedanken machen: irgendwo ist das Wasser entsalzt worden, danach aber nimmt es wieder Metallsalze auf, bis es legal oder illegal abgezapft wird.

Den Popo macht man sich mit diesem Wasser jedenfalls nicht schmutzig: es gibt nur trocken betriebene Plumpsklos und das landauf-landab, ob auf dem Land oder in den Städten.

Kehren wir zurück ins Haupthaus, das man betritt, und zuerst die Straßenschuhe auszieht. Im Innern liegen überall riesige Teppiche, zum Teil dekorieren auch Teppiche in Ausmaßen von mehreren Metern die Wände. Unser Zimmer hat die Ausmaße einer Tennishalle, nun ja: 4 mal 8 Meter waren es schon, und alles war mit Teppich ausgelegt, auf dem wir übrigens auch geschlafen haben.

Das Klappsofa hatte uns nicht so arg überzeugt, so dass wir es vorgezogen haben, uns in Landessitte eine Schlafstelle auf dem Boden richten zu lassen: dazu braucht es nur eine zusätzliche Matte und ein Kopfkissen, das man tagsüber zum Anlehnen benutzt, wenn man beim Essen am Tisch liegt (aber auch dazu später mehr). Zum Schlafen bekommt man natürlich auch noch eine Zudecke …

Unser „Gästezimmer" besaß außer den Wänden und dem Boden und der Zimmerdecke, aus der zwei Glühbirnen herausragten, noch ein kleines Fernsehschränkchen und darauf einen Fernseher, der aber nicht funktionierte.

Als ich diese Suite betreten und begriffen hatte, dass wir da nun zwei Nächte nächtigen sollten, dachte ich an Alternativen … und Mamuschka hatte mich verstanden, ohne dass sie meine Sprachen spricht und ich die ihren. Kaum gedacht, hatte sie organisiert, dass Aruja ihr Bett abzog, um uns ihr Zimmerchen abtreten zu können. Doch habe ich meinen geistigen Vorstoß –wieder nur mit Handzeichen – rückgängig gemacht; es war mir nicht recht gewesen, die arme, fleißige Frau aus ihrem bescheidenen Refugium zu verdrängen, nur weil es ein Doppelbett aufwies (dessen Matratzen sehr wahrscheinlich sehr durchgelegen waren).

3. Tag (Montag)

Jeep-Tour zum Ufer des Aralsees

Wir standen um 6 Uhr auf. Ich bin froh, gut geschlafen zu haben, und ich war in der Nacht nicht „raus", um zu „müssen". Das Frühstück bestand aus pochierten Eiern mit Kartoffelchips und Tee. Gegen 7 ging es dann mit dem Jeep los zum Aralsee, zu dem wir laut Ausschreibung 4 Stunden Fahrt vor uns haben. Die Straße führt aus Moynak hinaus, vorbei noch an einigen versprenkelten Siedlungen, die Häuser werden immer weniger. Plötzlich hört die befestigte Straße auf, es kommt nur noch Sandpiste – und wir sind auf dem ursprünglichen Meeresboden des Aralsees.

Wir fahren quasi „ewig" auf einen Bergrücken (von vielleicht 150 Höhenmetern hoch) zu, der nicht näher kommen will. Irgendwann haben wir ihn dann doch vor dem Bug des Jeeps und meistern die Höhe mit dem 4-Radantrieb locker. Nun geht es weiter auf einer Hochebene über Sandpisten. Große Weite, so weit das Auge reicht, bis zum Horizont. Wohlgemerkt, dass alles war einst der Grund des Aralsee.

Abb. 11: Sandpiste – eine Straße ursprünglich auf dem Meeresgrund (ip)

Nicht einmal genügsame Ziegen würden sich hier an den wenigen Salzsträuchern vergreifen. Das einzige, was an den früheren See erinnert, sind die Wellen im Sand, die der Wind aufgeworfen hat. Dann geht es von diesem Plateau wieder hinab und ganz weit in der Ferne ist so etwas „wie Wasser" auszumachen. Endlich sehen wir den Aralsee. Im ganzen sind wir 3 Stunden unterwegs gewesen, um an das Ufer des Aralsees zu kommen. Das Ufer ist von einer dicken weißen Salzschicht umgeben. Dazwischen lagen ganz viele Muschelschalen am Boden. Das Wasser war klar, eisig kalt und glitzert unschuldig in der Sonne.

Es ist gigantisch und nicht wirklich zu begreifen, dass wir hier auf dem ursprünglichen Meeresboden stehen und der See sich ständig weiter zurück zieht.

Der Aralsee war einst der viertgrößte Binnensee der Erde – nun schrumpft er täglich, weil er keinen Zufluss mehr hat – und ist um ein vielfaches kleiner geworden. Jährlich sinkt der Wasserspiegel um einen weiteren Meter. Der Salzgehalt beträgt mittlerweile 13%, so dass keine Fische mehr im Aralsee leben können.

Peter hatte natürlich Wasserproben genommen und sein Institut den Salzgehalt bestimmt (13 % das heißt 130 g/Liter Kochsalz).

Die Ursachen dieser Umweltkatastrophe sind zum einen die extreme Wasserentnahme aus den Zuflüssen durch die Landwirtschaft und eventuell auch Versickerungen den tektonischen Plattenverschiebungen der Erdkruste (der Wasserspiegel des Kaspischen Meers steigt - es ist aber nachweislich nicht Wasser aus dem Aralsee).

Abb. 12 - 14: Am Rande des „noch"-Aralsees

Abb. 15 - 17: Salzkrusten am Ufer des Aralsees – Probennahme zur Analyse der Wasserzusammensetzung (ip)

Die Rückfahrt dauert nur noch zweieinhalb Stunden: Wodja rast wie ein Besessener über die staubige Piste. Unsere Bitten um Verlangsamung der Fahrt wurden von ihm mit einem Lächeln und „verstehe nix" ignoriert. Wir bekamen heftige Schläge auf die Wir-

belsäule, mit dem Ergebnis, dass ich den Nachmittag mit Kopfschmerzen und Übelkeit im Bett verbringe.

Ich verschlafe fast den ganzen Nachmittag, Peter erholt sich etwas schneller – auch ihm hatte diese rasante Fahrt nicht gut getan.

Zum Ende der Welt an den Aralsee

Nach dem ersten Schock gab es etwas Gutes zum Essen – darüber berichte ich in einem eigenen Abschnitt, denn die Überschrift dieses Abschnittes lautete ja: am Ende der Welt angekommen – und da will ich jetzt hin bzw. darüber berichten: Extra wegen der Fahrt zum Aralsee hatte man uns von Nukus aus mit dem Toyota-Jeep und einem speziellen Fahrer namens Wodja ausgerüstet. Dieser hatte am Abend vorher wegen der langen Fahrzeit ziemlich dramatisiert (zumindest kam es uns in seiner usbekischen Aussprache so vor – und damit nicht unsere gemeint, sondern seine, weil er anschließend wieder nach Nukus zurück wollte) und mein Bedürfnis nach Ausschlafen unterminiert, so dass der Wecker um 6 Uhr klingeln musste und – gestärkt von grünem Tee sowie Spiegeleiern mit Kartoffelchips – wir um 7 Uhr mit dem Sonnenaufgang in den Jeep einstiegen, um die 160 km zum Aralsee zu überwinden.

Zunächst streiften wir zwei Dörfer, aus denen sich gerade Schulkinder auf den Weg machten. Bald hörte die Straße auf, geteert zu sein, und es wurde klar, weshalb wir als fahrbaren Untersatz einen Jeep bekommen hatten: ab und zu fehlte auch das, was man eine gespurte Bahn nennen kann und es ging querbeet. Wir fuhren – teilweise noch mit Tempo 100, wurden hin und hergeschüttelt – auch bei Tempo 40 war die Fahrt eher eine Tortur, fuhren jeweils mit der höchstmöglichen Geschwindigkeit, einige Male wäre ich fast an das Fahrzeugdach gekracht – und meine Gedanken gingen hohl: wir fuhren nun schon über eineinhalb Stunden permanent nach unten – auf dem Grund eines Meeres, dem der Mensch in den letzten 50 Jahren einfach den Hahn abgedreht hat. Vor 100 Jahren war der Aralsee noch der viertgrößte Binnensee der Erde gewesen – nun hat man ihn umgebracht: flächenmäßig und ökologisch: das verdunstende Wasser hat einerseits die Salze auskristallisieren lassen und andererseits ist es zu einer Sekundärversalzung gekommen, weil salzhaltiges Grundwasser in den Bodenkapillaren aufgestiegen ist und den Salzgehalt des Bodens erhöht hat. Nur wenige Pflanzen wollen noch gedeihen, meist in grüngrau nah am Boden und flach (schon auch wegen der ständigen Winde). Kein Vogel ist zu sehen, kein Zwitschern zu hören, selbst die Schmeißfliegen fehlen.

Vor uns taucht ein „Gebirge" auf, vielleicht 100 m hoch, das ehemals auch unter Wasser gelegen hatte. Wir erklimmen es an einer für einen Jeep erkletterbaren Stelle und fahren nochmals eineinhalb Stunden, bis es ähnlich wieder hinunter geht. Je näher wir dem Wasser kamen, wurde die Gegend etwas lebendiger. Es vögelte etwas und so manches Wiesel, das da anders heißt, querte die Piste bzw. hatte Spuren hinterlassen. Der Jeep bohrte sich in so etwas wie Treibsand und blieb etwa 250 m vor dem See stehen – finito. Wir stiegen aus und stapften durch einen Morast, der sich klebrig aus Salz um die Schuhe legte. Ich packte meine Probenfläschchen aus und füllte eines nach der anderen im eiskalten Wasser ab – der Wind pfiff mir um die Ohren, dass nach ein paar Minuten der Einwirkung der Atmosphäre des Aralsees meine Stimmung am Boden war und ich den Rückzug in den Jeep antrat, in dem es das zweite Frühstück – gekochte Eier, getrocknete Aprikosen, Walnüsse und einge-

schmuggelte Peperoniwürstchen aus der Metzgerei Krautter aus Vaihingen-Enz gab.

Anders als je erwartet, gab´s nicht einmal einen Kiosk oder so etwas Profanes am Strand, kein Sonnendesk und kein Peelingsalz Aralsee für eine schönere Haut – es gab einfach nichts außer Salzwasser (mit 13 %, wie meine Mitarbeiterin am Institut inzwischen gemessen hat), steifer Brise und das Dach des Himmels über unseren Köpfen.

Also ging´s wieder im Galopp mit 100erten Pferdestärken zurück, als ob der Teufel hinter uns her gewesen wäre – aber vielleicht war es auch nur die Frau von Wodja, der, wenn ich ihn bat, langsamer zu fahren, mit seinem Gebiss aus purem Goldzähnen lachte und tat, als wäre er taub. Wir flogen nochmals an unseren vorher eingespurten Reifenabdrücken vorbei – ein Zeichen, dass heute niemand außer uns den Weg zum Aralsee gefunden hatte – ließen die Bohrtürme der Erdgasplattformen im Sonnenlicht links liegen und waren mittags um 13 Uhr wieder in Moynak zurück – angeblich einer Tour, die den ganzen Tag hätte dauern sollen. … emotional gezeichnet und gestaucht mit erheblichen Hals- und Rückenschmerzen.

Peter erkundete in der Zwischenzeit das verschlafene Moynak und stattete dem früheren Fischerhafen einen Besuch ab. Ich rappelte mich gegen Abend doch noch zu einem kleinen Spaziergang auf. Die frische kühle Luft tat gut und ich kam wieder auf die Beine. Um 19 Uhr gab es Abendessen. Wir bekamen Suppe, Plov und Kefir. Plov ist ein bei den Usbeken sehr beliebtes Gericht mit Reis und gebratenen Fleischstückchen. Es hatte uns gut geschmeckt.

Rezept Plov
o   250 Gramm Hammel bzw. Lammfleisch
o   200 – 300 Gramm Reis (je nach gewünschtem Mischungsverhältnis)
o   200 Gramm Karotten,
o   100 Gramm Zwiebeln

Das Fleisch in kleine Stücke schneiden und in stark erhitzten Öl anbraten, dann werden die gewürfelten Zwiebeln und Karotten dazugegeben, mit Salz und Pfeffer würzen. Mit etwa vier Tassen Wasser ablöschen und zum kochen bringen. Den Reis dazugeben. Nicht umrühren, auf niedriger Stufe langsam kochen lassen ohne Deckel, bis das Wasser verdampft ist, dann nochmals jetzt mit geschlossenem Deckel auf kleinster Stufe zwanzig Minuten garen. Dann kräftig durchrühren, der Reis sollte körnig sein.

Fertig – guten Appetit!

Einmal mehr ging es noch ins schön warme Badhaus, wo wir uns freuten, den ganzen Staub losgeworden zu sein. Um halb 9 lagen wir, eng aneinandergekuschelt, im Bett auf dem Boden und alles war egal - waren wir doch sofort tief eingeschlafen.

4. Tag (Dienstag)

*Weiterfahrt nach **Chiwa** (Khiva) (ca. 4 Std. Fahrt)*
Übernachtung im Hotel Malika in der Altstadt von Chiwa. 3 Übernachtungen

Wir gingen gegen 7 Uhr zum Frühstücken: Wieder gab es für jeden zwei Spiegeleier mit gebratener Wurst. Auf die Wurst war ich aber gar nicht scharf, deshalb blieb ich bei Tee, Brot und Spiegeleiern. Wir verabschiedeten uns noch von unserer Gastfamilie (bezahlten in bar) und saßen wie verabredet um 8 Uhr bei Nikolai im Auto, um aus diesem verstorbenen Ort, aus Ruinen, wo Ziegen in Industriegelände grasen, wegzufahren. Wir sahen noch einige Schulkinder auf dem Weg in trostlose, heruntergekommene Schulgebäude gehen. Drei Handvoll Schüler liefen in ein Gebäude, das vielleicht für 1.000 bestimmt gewesen war.

Abb. 18 + 19: ein Schäfer unterwegs

Nach gut zwei Stunden Fahrt machten wir Rast in **Khojayali** und tranken einen Kaffee. Hätten wir Nikolai nicht ausdrücklich dazu aufgefordert, wäre er ohne Pause nach Chiwa durchgebraust. In Summe fahren wir an diesem Tag 400 km, vorbei an zum Teil ausgedehnten Steppen, mit salzigen Böden, das Salz verrät sich durch die weißen Ränder, die es auf der Erdkrume hinterlässt, ab und zu setzt sich zunächst stacheliges Gestrüpp durch.

Wir fuhren noch einmal durch Nukus, das sich morgens als moderne Stadt präsentierte. Hinter Nukus wird die Landschaft, wenn auch zaghaft, immer grüner. Wir überqueren den Fluss Amudarja, der einstige Zufluss des Aralsees über eine Pontonbrücke – richtig abenteuerlich – das Flusstal ist hier vielleicht gut 400 m breit. Nikolai steuert den Wagen vorsichtig über die zum Teil sehr scharfkantigen Eisenverstrebungen. Ich wäre gerne nebenher zu Fuß gegangen und hätte fotografiert. Aber bei dem hohen Polizei-Aufgebot lasse ich es lieber bleiben.

Abb. 20 + 21: Amudarja mal so + so

Fahrt in Richtung Süden über Land

Usbekistan ist kein Reiseabenteuer, es ist nur ein bisschen weit weg – und angesichts der fehlenden Badestrände eher etwas für Kultur-suchende Franzosen als eben Ballermann-Touristen aus den U.S.A. oder Deutschland. Usbekistan war auch hinter dem Eisernen Vorhang ein Reisezielland für viele und somit infrastrukturell erschlossen. Hotels gibt es genügend in allen Preisklassen, wenn es sie gibt.

In der Früh machten wir uns auf, nach Chiwa gefahren zu werden. Nikolas frühstückte noch mit, ging dann zum Wagen und durchs Fenster sah ich, dass er Probleme mit dem Anlassen hatte – nun ja: wer den halben Tag oder mehr mit dem Handy an der Batterie hängt, um irgendwelche Musik- oder sonstwie Programme ablaufen zu lassen, hat halt am Morgen danach ein Energieproblem. Man half ihm aber: zunächst musste der Wagen aus der Einfahrt herausgezogen werden (bemerkenswert ist, dass man am Straßenrand keine Autos sieht, alle verschwinden hinter den mannshohen Zäunen binnen Minuten nach der Heimkehr) und dann auf der fast ebenen Straße angeschoben … - pünktlich um 8 Uhr, wie vereinbart, blubberte der Motor und wir fuhren.

Zunächst an Schulkindern vorbei, die je nach Nähe zum Pubertätsalter mehr holprig miniberockt stöckelten als zur Schule marschierten. Dann an Schafherden vorbei, an wuscheligen Ziegen und gewaltigen Ziegenböcken, bis die Wiesen grüner wurden und Kühe als auch wilde Pferde gemütlich grasten oder sich auf dem Asphalt hingelegt hatten. Die Landschaft differenzierte sich stärker, aus flachem Gestrüpp wurden Büsche, aus Büschen kleinere Wälder.

Die Straße – fast schnurgerade – war menschenleer, an einem Werktag (am Sonntag auf dem Hinweg war mehr los gewesen). Nach ca. 100 Kilometern kam uns ein erster Laster entgegen. Sonst nichts. Ich betone das, weil ich schreiben wollte, dass wir meistens auf der Gegenfahrbahn unterwegs waren, weil die korrekte Spur viel zu beschädigt war, um mit Tempo 100 darauf herumzufahren.

Beinahe hätte ich geschrieben, nichts Aufregendes an diesem Tag: doch beobachteten wir, bei Durchfahrt durch ein Städtchen namens Kungrad, wie eine Frau Mitte 30 in einen weißen Kleinbus gezerrt wurde. Ingeborg war gleich hellwach und wollte den Fahrer zum Halten und Umdrehen bewegen, um der armen Frau zu helfen … - wir halfen nicht, wie hätten wir auch helfen können: die männlichen Gestalten in ihren schwarzen Lederjacken sahen so aus, wie man sich „KGB" vorstellt. Hätten wir ihnen auf deutsch erzählen sollen, dass es unanständig ist, eine Frau in ein Auto zu zerren? Ob die Frau zu recht oder unrecht abgeführt worden war, hätten wir nicht klären können – die Szene führte uns allerdings vor, wie hilflos man in kritischen Situationen ist, wenn man die Sprache der Menschen nicht spricht, in deren Kulturkreis man sich befindet.

Je weiter wir in den Süden kamen, desto mehr freie Acker-Flächen – vorbereitet für die Aussaat der Baumwolle – und immer breiter werdende Kanäle bekamen wir zu

> sehen. Originell sahen zum Teil die Traktoren aus, die blau wie die Landesfarbe auf drei Rädern ihre Kreise und Schleifen zogen – man sah Ihnen an, dass gespart werden muss (und wenn es nur ein Vorderreifen nebst Aufhängung ist).

In Chiwa fuhren wir erst mal in ein Restaurant. Nikolai hatte schon von unterwegs telefonisch das Essen für uns bestellt (er ist ja bekannt hier - wir haben aber nicht herausbekommen, wie oft im Jahr er diese Strecke fährt). Das Essen schmeckt gut, allerdings nicht ganz so toll wie in unserer Gastfamilie.

Das Hotel Malika liegt direkt gegenüber dem Westtor der Altstadt. Wir hatten ein ordentliches Zimmer, nahmen erst ein heißes Bad und machten – erschöpft von den Erlebnissen der letzten Tage – fast eine Stunde Mittagsschlaf.

Abb. 22: das Westtor vom alten Chiwa – Eingang in ein Freilicht-Museum

Erholt gingen wir, um uns die Altstadt zu erschnuppern, blieben aber erst einmal gleich im ersten Café „hängen", das am Weg lag. Mit einer Familie am Nachbartisch kamen wir ins Gespräch (sie war mit Studiosus unterwegs). Sie erzählte uns, dass es hier noch vor ein paar Stunden einen heftigen Platzregen geben hatte. Jetzt war davon fast nichts mehr zu sehen.

Wir nahmen einen Aussichtsplatz ein und studierten die Menschen, die an uns vorbei flanierten.

Dann schlenderten wir noch durch die verwinkelten, aber sehr aufgeräumten Straßen, die Altstadt hier ist nämlich ein Freilicht-Museum auf vielleicht 400 * 700 m im Quadrat. Lebendig sind hier quasi nur die Souvenirhändler, es fehlt dieser Stadt die Atmosphäre einer lebendigen lebenden Stadt.

Sie wirkte irgendwie steril auf mich, insbesondere wenn man Chiwa mit anderen Städten gleichen Alters vergleicht, in denen wir schon gewesen sind.

Die Häuser sind aus Lehmziegeln und teilweise aufwändig mit schönen blautürkisen Kacheln geschmückt. Wir entdeckten noch eine Möglichkeit, um auf ein Hoteldach zu kommen und von dort einen sehr schönen Blick auf die Dächer der Altstadt im untergehenden Sonnenlicht zu haben, was ganz besonders hübsch aussah.

Die Sonne hat noch wenig Kraft, es wird uns bei nur 10 Grad zu kalt. Was sind wir froh, dass wir unsere dicken Jacken dabei haben.

Das Essen ist in Anbetracht, dass es sich um eine Hotelküche handelt, o.k. (man hatte uns gesagt, dass wir mittags das Abendessen ordern müssten, weil abends die Restaurants in Chiwa a la carte nichts anbieten würden; was aber nicht stimmte). Wir hatten uns Kebab und Nudeln mit Gemüsesoße

Abb. 23 - 26: Flanierende Gruppen

bestellt. Der Wein war trocken – aber sehr sauer (nach den Beschreibungen des „Reiseführers" hatte ich mich schon auf einen Likör-artigen Wein eingestellt gehabt. Es gibt halt doch immer wieder Überraschungen, deshalb heißt unsere Devise auch, immer erst einmal alles selbst ausprobieren. Heute freue ich mich auf mein „richtiges" Bett.

Abb. 27 + 28 (rechte Spalte): kurz vor dem Sonnenuntergang in Chiwa

5. Tag (Mittwoch)

Chiwa, ohne PKW

Gut ausgeschlafen sind wir noch vor dem Wecker um 7:30 Uhr wach (Menschenskind !!! ich habe Urlaub !!!, weshalb stellte ich eigentlich den Wecker ???) Nach den ersten Tagen Plumps-Klos ist es ausgesprochen angenehm, über ein richtiges Bad mit Toilette zu verfügen. Das Frühstücksbüfett bietet wieder gebackene Eier, von zwei Seiten gebratene Spiegeleier, fettgebackene Brötchen, Apfelstücke, Orangen, Tomaten, Gurken. Peter probiert noch die Wurst und den Käse, dazu gibt es Tee und Kaffee.

Pünktlich um 9 Uhr steht Nikolai parat, um uns zum Ticket-Office zu begleiten. Wir haben nun ein Tagesticket für Chiwa und werden uns von Innen das eine oder andere Haus, die Medresse (= Koranschule), die Karawanserei und und und anschauen.

Wir gehen aber erst mal zum Osttor, dahinter liegt der Basar, da wir noch Hausschuhe brauchen.

Hier gibt es fast alles, von Möbeln über Plastikblumen, Hochzeitskleider, alles für den Haushalt aus Plastik, verzierte Torten, Werkzeuge, lebende Hühner, Tomatensetzlinge und vieles mehr. Hausschuhe aus Plastik wollten wir dann doch nicht und verzichteten zunächst darauf. Dafür habe ich echt preiswert, gemusterte Feinstrumpfhosen für umgerechnet 6.000 Sum = 3 € gekauft, So wie es aussah, hatte ich beim ersten Stand den Preis für Einheimische bekommen und nicht den für Touristen, denn die nächsten Stände wollten schon mehr...

Abb. 29 (ip) + 30: Stadtmauer + Medrese

Abb. 31: Usbeken nahmen Peter in die Mitte und wollten mit ihm fotografiert werden (ip)

Später saßen wir in der Sonne bei Kaffee und Tee und beobachteten wieder die vorbeiziehenden Leute.

Abb. 31 – 36 (ip): Buntes Treiben auf dem Markt – farbenfrohes Durcheinander/ geordnetes Chaos – verkauft wird alles ohne Verpackung/ Kühlung oder einem wie auch immer gearteten Schutz vor Fliegen

Hochzeitsgesellschaften – mindestens ein halbes Dutzend in einer Stunde (!) schlenderten an uns vorbei. Wir können bestätigen, was im Reiseführer gestanden hatte: „die Braut schreitet nur mit gesenktem Blick voran". Hintergrund sei, dass sie devot zu sein habe und keine anderen (Männer) anschauen dürfe, weil es ihrem (guten) Ruf schaden würde. Die meisten Bräute, die wir sahen, hielten sich an diesen Brauch.

Abb. 37 + 38: Hochzeitszug auf dem Weg zur Moschee

Daneben gingen nicht enden wollend kleine Gruppen von jungen Frauen (oder Männern) an uns vorbei, alle auf ihre Art hübsch zurecht gemacht (die Ausflüge nach Chiwa sind auch für die Einheimischen Kurzurlaube); schlank, meist etwas wackelig auf Stöckelschuhen, in denen sie nicht wirklich „laufen" können. Sie versuchten, unsere Aufmerksamkeit auf sich zu ziehen, in dem sie „Hallo" riefen und wenn wir hinschauten, kicherten sie amüsiert. Ganz „Mutige" warfen Peter ihre einzigen drei Worte englisch aus dem zu-

letzt gesehenen Liebesfilm „I love you" zu, drehten sich dann aber ganz schnell kickernd weg. Wir haben das – auch vor dem Hintergrund, dass es sich um ein islamisches Land handelt, nicht ernst genommen und als Versuch verstanden, einfach nur unserre Reaktionen zu testen.

Wir gingen wieder weiter und schauten uns die Zitadelle Ko`xna Ark, die ehemalige Residenz der Chiwaer Chane an. Vom Turm, der pro Nase 2.000 Sum extra Eintritt kostete, hatten wir einen fantastischen Blick in alle Richtungen.

Die Ticketprüferin hatte uns empfohlen, nochmals am Abend gegen 17 Uhr zu kommen, „das Ticket sei dann noch gültig und in der Abendsonne wäre der Blick nochmals schöner".

Die Frauen in allen Museen nutzen den ganzen Tag (bei den wenigen Touristen hatte sie ja nicht viel zu tun), um Socken zu stricken und Schals zu fertigen, die sie auf eigene Rechnung verkauften. So kam ich noch zu wollenen, gestrickten Hausschuhen und manche zuhause kamen zu einem „Handicraft"- Mitbringsel.

In einem kleinen Restaurant in der Nähe des Hotels aßen wir Schaschlik-Spieße, frisch zubereitet auf dem Grill vor unserem Tisch. Weil der Wind ständig drehte, waren wir bald selbst „geräuchert" – suchten uns dann aber doch ein Plätzchen ohne Rauchschwaden, was der Lunge besser tat.

Den Männern am Tisch hinter uns machte der Rauch offensichtlich nichts aus; sie rauchten aber auch wie Schornsteinschlote einer Fabrik.

Oase Choresm – Chiwa

Nach Moynak war unser Ziel das bekannte Chiwa. Solltest Du, lieber Leser, es nicht kennen, stehe zu Deiner Bildungslücke (wie ich auch: ich kannte es nicht, bevor ich dort eingenudelt wurde).

Die Oase Choresm besteht im Wesentlichen aus zwei Orten: der Verwaltungsstadt und lokalem Zentrum Urgench und dem ursprünglichen Mittelpunkt der Oase Chiwa (Xiva, XNBA). Die Kanäle, die wir sahen, sind zum einen die Bewässerungskanäle mit immerhin 16.000 km Länge, und zum anderen Drainage- respektive Entwässerungskanäle mit 10.000 km Länge, über die die Felder be- und entwässert werden.

Insofern wundert es nicht, dass die Oase eine grüne Oase ist (mit im Augenblick zum Zeitpunkt unserer Reise vielem „Braun", weil die Nachtfröste eine Aussaat der Baumwollpflänzchen noch nicht zuließ). Die Oase Choresm ist die eine wesentliche Kornkammer Usbekistans; neben eben der Baumwolle wird Weizen und Reis angebaut. Usbekistan liegt an zweiter oder dritter Stelle der Weltproduktion von Baumwolle, Baumwoll-Verarbeitung gibt es aber so gut wie keine im Land.

Chiwa ist eine mehrere Tausend Jahre alte Stadt, die ihre Besucher damals – meist Kamelkarawanen – aus vier Himmelsrichtungen über die vier Stadttore empfing (dem Südtor, dem Osttor usw.). Heute wälzen sich Bustouristen – meist am Westtor auf einem großen Busparkplatz ausgespuckt – durch ein Freilichtmuseum: die alte Dame Altstadt empfängt, wobei ihre Röcke aus fast 20 m dicken Lehmmauern getufft sind und sie fast noch komplett umsäumt.

Sie ist nur teilweise bewohnt (ein paar kleinere Pensionen, ein Nobelhotel in einer ehemaligen Medresse und einige Restaurants halten auch bei abendlich zugeklappten Verkaufsständen noch ein bisschen Bewegung aufrecht) und hat fast musealen, sterilen Charakter. Der Lack war wohl auch ganz schön ab, was heißt, dass die alten Gebäude verwittert und heruntergekommen gewesen waren, aber die Regierung hat massiv investiert und verschiedene Gebäude so herausgeputzt, insbesondere die Medressen, die Zitadellen und natürlich die Gotteshäuser, dass der alte Schein wieder scheint.

Die alte Chiwa ist ein Ensemble einer mittelalterlichen Karawanserei. Und heute gibt es wieder Handwerker, die rückwärtig zur Straße ihre Fertigungen alter Gewerke haben, die man besehen kann. Doch das, was Zentren orientalischer Altstädte kennzeichnet: das unsichtbare wuselige Leben hinter den Mauern schwingt hier nicht durch die Luft, weil es kein Leben gibt. Lehmfarbene Ockertöne haben etwas Warmes, aber Flair kommt nur durch Menschen zustande, die in diesem Warmem leben, denke ich, während ich mich vor einem türkischen Kaffee vor einem Café sitzend umschaue.

So bleibt die historische Altstadt nur in lehmartiger Erinnerung – mir kommt ketzerisch in den Sinn, dass man im Europapark in Rust aus Pappmaschee ähnlich beeindruckende Illusionen aus allen Teilen der Welt hingezaubert hat, die auch ir-

gendwann abends zugeschlossen werden und unbeseelt die Nacht verbringen müssen, bis morgens ihnen mit dem Ansturm der Souvenir- und Süßigkeitenverkäufer wieder Leben eingehaucht wird.

Zwischen dem quasi abgebrochenen Ruferturm, bei dessen Bau dem Sponsor das Geld ausgegangen war (das Minarett war auf 70 m Höhe ausgelegt, dem Spender ist aber bei 26 m das Geld ausgegangen; es gab eben schon damals Rezessionen), so dass es wie ein abgesprochener Spargel aussieht und den vielen Medressen bewegen sich heute neben den Touristen und den Souvenirverkäufern fast ausschließlich Menschen, die ihrer Beziehung einen traditionellen Segen hinzufügen wollen: Ein buntes Völkchen zwitschert hin und her, mal junge Frauen, die von sich bei einem Fotografen Zukunftsfotos machen lassen, gefolgt von Hochzeitspaaren und deren Gästen, die zu ganz besonderen Plätzen gehen, um sich langes Glück einzukaufen, wobei die Bräute zum Boden schauen müssen und sich nicht glücklich zeigen dürfen (was einige nicht mitgemacht haben, obwohl es ihnen Unglück bringen soll),

Jetzt muss natürlich noch ein Absatz über die hübschesten Mädchen erfolgen, die an uns vorbeiflanierten und denen ich einen 36er-Film widmete (ich bin altmodisch und fotografiere noch analog). Die Schönen der Nacht streiften am Tage in quasi Abendkleidern vorbei, gestöckelt und probierten ihren musikalischen Englisch-Wortschatz an mir aus (siehe oben: „I love you"). Da mein usbekischer Reiseführer mich bereits gelehrt gehabt hatte, dass diese drei Worte zum Grundwortschatz usbekischer Mädchen gehören, konnte ich nicht mal erröten. Verwirrt suche ich jetzt nur noch meinen Notizzettel, auf dem ich mir etwas zu den jungen Frauen notiert hatte, um es auch ja nicht zu unterschlagen (ich suche noch ...): im Gedächtnis ist mir geblieben, dass sie von hinten fast alle „Klasse" aussahen, wenn man schlanke Frauen mit langen schwarzen, zum Teil gelockten Haaren schön findet. Verschleiert laufen hier nur die hübschen Beine herum, die schon tagsüber sehr häufig eben in Netzstrümpfe eingehüllt sind, die wir – in Schubladen gedacht – eher abends einem Disco- oder noch eleganter einem Theaterbesuch zuordnen würden. Auch von vorne betrachtet, könnte so manche junge Frau das Titelblatt eines Modemagazins zieren; mehr wären es, wenn das Schminktäschchen Material für einen dunkleren als den blassen Hauttyp hergeben würde und die unreinen Hautstellen, die wohl von einseitiger Ernährung aus x, y und z zeugen, übergetupft werden könnten.

Unser Hotel direkt vor dem Westtor war neu, aber einem klassischen Stil nachgeahmt. Es verwöhnte uns mit meist warmem fließenden Wasser und einer Hotelküche, bei der man drei Stunden das Essen vorab bestellen musste, wenn man es im Hotelrestaurant zu sich nehmen wollte. Der von Russen beherrschte Service Usbekistans war hier auf allen Etagen präsent (der an Rezeption, der Hausmeister, die Zimmermädchen, die Bedienungen und der Koch sahen typisch russisch aus: kantige Köpfe, kurzgeschorene blonde Haare usw.).

Trotz Vorbestellung war das Abendessen eher „aus der Mikrowelle". Diese Erfahrung und der Check-In in manchen Restaurants tagsüber ließen uns freier werden und auch ohne englische Speisekarte-Texte ausprobieren lassen, was der jeweilige Koch aus Kartoffeln, Karotten, Gurken und Hammelfleisch (also x, y und z) zaubern kann. Die folgenden Tage haben wir uns dann nicht mehr ins Bockshorn und vorbestellen lassen, ... von Stadt zu Stadt auf unserer Reise wurde das Essensverfügbarkeitsangebot auch besser, nicht jedoch die Bandbreite der Ausgangssubstanzen.

Bei den vielen Sehenswürdigkeiten mussten wir am Nachmittag schnell wieder „auf Achse" und besuchten zunächst den Pachlavan Machmud Komplex, es ist das heiligste und schönste Mausoleum in Chiwa für dessen großen Volkshelden. Die Moschee ist innen ganz mit blauen Kacheln verziert, dem Wasser aus dem Brunnen vor der Moschee wird verjüngende Wirkung nachgesagt. Einige Frauen mittleren Alters schöpften mit einer Kelle Wasser. Die trübe Brühe lud mich aber gar nicht dazu ein, davon zu nippen (ich fühle mich ja auch noch jung !).

Von hier schlenderten wir weiter an der Stadtmauer entlang und gingen in die Neustadt. An der Post vorbei und den Kanälen des Shavot. Auf dem Weg zurück ins Hotel, kamen wir an einem Freizeitpark vorbei, in dem ein trauriges Riesenrad auf Besucher wartete.

In der warmen Abendsonne gingen wir dann nochmals zur Aussichtsplattform der Zitadelle und verhandelten mit den Frauen den Preis von Ansichtskarten und Schals. Später saßen wir wieder in unserem „Café" und genossen die wärmende Abendsonne. So gegen 18Uhr wurden die Schatten länger, es wurde gleich recht kühl.

Abb. 40 - 42: Karawanserei

Abb. 43: Handwerk am Weg (ip)

Abb. 44: Friedhof in Chiwa Altstadt (ip)

Abends gingen wir in das Restaurant, das wir uns schon nachmittags ausgesucht hatten, es liegt in der Nähe der Pachlavan Machmud Moschee. Zunächst waren wir die einzigen Gäste, wir bestellten eine Suppe – typisch war sie: mit gekochtem Fleisch, Kartoffeln und einem Stückchen Karotte. Ich bekomme zum Hauptgang Manti, das sind gefüllte Teigtaschen mit Kürbisfüllung, Peter hatte frittierten Fisch. Wir wollten etwas ausprobieren – denn die usbekische Küche hatte uns bisher noch nicht viel Abwechslung geboten. Dazu tranken wir Rotwein und Chai. Das Essen war nicht sonderlich ge-

würzt, auf „Garnitur" war auch verzichtet worden, es gab einfach nur das, was wir direkt bestellt hatten, ohne Beilagen. Das Essen war dennoch schmackhaft gewesen, auch der Fisch, allerdings hatte dieser schrecklich viele Gräten.

6. Tag (Donnerstag)

*Fahrt nach **Urgench***

Wir schliefen aus und waren trotzdem schon gegen halb neun am Frühstücksbuffet. Den Tag gingen wir gelassen an. Nach dem sehr kalorienreichen Frühstück mussten diese erst einmal wieder „verbrannt" werden, weshalb wir einen ausgedehnten Spaziergang unternahmen: Wir wollten einmal die Stadt umrunden.

Dazu spazierten wir an der Stadtmauer entlang, vom Westtor in Richtung Süden, kamen an einer Reihe von gemauerten Gräbern vorbei und landeten wieder beim Basar.

Um 10.15 Uhr wurden wir von unserem vorbestellten Taxi abgeholt, um nach Urgench zu fahren, wo wir Dr. Lamers vom Projekt „Land, Wasser und Ökologie für Choresm" trafen.

Er leitet das von verschieden Trägern u.a. von der Uni Bonn und dem deutschen Ministerium für Bildung geförderte Projekt.

Herr Lamers war sehr freundlich und nahm sich echt viel Zeit, um uns von seiner interessanten Arbeit zu berichten und unsere vielen Fragen zu beantworten. Er hatte sichtlich Freude daran, uns Einblicke in das Projekt zu geben.

Oase Choresm-Projekt

Die Wasserwirtschaft in Usbekistan ist eine Misswirtschaft trotz Planwirtschaft. Wir fuhren mit einem privaten Taxi, das uns der Rezeptionist im Hotel besorgt hat nach Urgench. Das Taxi wäre bei uns längstens auf dem Schrottplatz gelandet, weil die Frontfensterscheibe zersprungen, die Seiten verbeult, das Armaturenbrett zerbrochen und die Anzeigen über Geschwindigkeit usw. stehen geblieben waren. Dafür war der russische Fahrer vom Typ Coolman und mit seiner coolen Sonnenbrille und den vielen Handys am Gürtel mehr up-to-date – da konnte ich nicht mithalten. Da auch er nicht unsere Sprachen sprach und wir nicht die seinen, war er am Hotel eingenordet worden und wusste, dass er uns zur Universität fahren sollte, was ihm fast auch gelang. Problematisch war, dass er uns vor den Haupteingang fuhr, der deutlich sichtbar mit großen Ketten und Schlössern daran verschlossen war und wahrscheinlich nur bei hohen Anlässen geöffnet und benutzt werden würde. Mit seinem Latein am Ende blieb der junge Mann, er war maximal 30, vor dem Tor stehen, gaffte es blöd an und wusste nicht weiter. Meine Aufforderung, ein bisschen weiter zu fahren, weil es ja irgendwo in der Nähe eine Pforte geben musste, verstand er nicht, so dass er im Hotel anrief und neue Order einholte. Da das auch nicht half, hab´ ich ihm die Telefonnummer der Sekretärin unseres Gesprächspartners gegeben, die ihn dann zu eben dieser Pforte lenkte.

Mit ihr im Auto fanden wir rasch das Institut, in dem das deutsch-usbekische Choresm-Projekt abgewickelt wird, in dem in- und ausländische Wissenschaftler versuchen, Konzepte zu entwickeln, wie unter Berücksichtigung des usbekischen Phlegmas und der politischen Rahmenbedingungen eine Umstrukturierung der Land- und Wassernutzung nachhaltiger gestaltet werden kann. Das Projekt zielt darauf ab, die Ökonomie des Landes zu steigern, indem die Ressourcennutzung gesteigert wird. Die Silbermedaille des personenspezifischen Wasserverbrauchs der Welt gewinnt nämlich regelmäßig Usbekistan, obwohl die Einwohner selbst davon nur einen Bruchteil in Anspruch nehmen (die Goldmedaille besitzt der Nachbarstaat Turkmenistan). Grund dafür, wie Dr. Lamers, Niederländer, vom Zentrum für Entwicklungsforschung (ZEF) der Universität Bonn, ausführte, sind die ineffiziente Bewässerungstechnik und Wasserverteilung und der niedrige Netzwirkungsgrad. Der vor allem in der „unteren Kanalhierarchie" dadurch entsteht, dass hohe Sickerverluste aus den Erdkanälen und dazu noch operative Verluste durch unzureichende Abstimmung zwischen den Nutzern und Netzbetreibern auftreten. Dazu muss man wissen, dass die Bauern hier mehrere Probleme zu bewältigen haben, deren Verursacher zum Teil sie auch selbst sind: Zum einen versalzen die Böden durch die Verwendung von Bewässerungswassers mit steigendem Salzgehalt, das sie dem Amudarja entnehmen. Die Böden versalzen aber auch vom Untergrund her, weil das salzbelastete Grundwasser in den Kapillaren aufsteigt. Die Kapillaren sind beim Bewässern von oben entstanden. Sog-artig durch die Verdunstung an der Oberflächen wird das Grundwasser hochgezogen, und das Salz kristallisiert krustenartig auf der Ackerfläche aus. So erhöht sich ständig der Salzgehalt der Böden, was die Bauern

*dazu bringt, salzhaltiges Wasser aus dem Amudarja zum Spülen der Böden zu ver-
wenden, um das Salz in den Grundwasserkörper hinunterzuspülen (aus dem es
dann wieder aufsteigt, weil es im Untergrund nicht abfließen kann).*

*Zu allem Überfluss kommt die Planwirtschaft hinzu, die den Bauern vorschreibt,
dass sie eine bestimmte Menge Baumwolle und Weizen an den Staat - übrigens zu
festgelegten - Preisen abliefern müssen. Der Staat legt aber nicht nur die Preise
fest, er organisiert auch die Verarbeitung und den Export. Im Gegenzug stellen
staatlich kontrollierte Agenturen die Versorgung mit Wasser, Düngemitteln und Be-
triebsstoffen, wie Diesel, sicher. Schaffen die Bauern weniger als die festgelegten
Mengen, gibt es Pönalen, erwirtschaften sie mehr, können sie diese Mengen frei
verkaufen, zu Preisen, die die Gestehung meist nicht decken. Lukrativer wäre und
ist es, Reis anzubauen, der für den so beliebten und meist täglich gegessenen Plov
gebraucht wird. Der Reis benötigt fünfmal so viel Wasser pro kg Produkt als die
Baumwolle, aber da die Bauern für Wasser nur eine von der Verbrauchsmenge un-
abhängige Pauschale bezahlen, stört sie nur die Quotierung der geforderten Baum-
woll- und Weizenproduktion.*

*Dr. Lamers erzählte uns, was man technisch-organisatorisch alles machen kann, um
die durchaus sinnvolle Baumwollproduktion in die Oase ökologisch zu integrieren;
doch werden die Vorschläge auf Regierungsebene argwöhnisch betrachtet. Ganz zu
schweigen, dass die Regierung beobachten lässt, wen das Projekt interessiert. Meine email an Dr. Lamers aus Deutschland ist zwar an ihn „durchgekommen", nicht
jedoch meine Anrufversuche, weil die Telefonleitung zum Institut mal wieder ge-
kappt gewesen war. Von einer „offiziellen" Mitarbeiterin bekam ich auf meine „Not-
email", weil ja ein Termin telefonisch nicht zu vereinbaren gewesen war, eine Han-
dy-Nummer, nämlich ihre, über die wir über sie ihn kontaktieren konnten – die inoffi-
zielle / offizielle Anmeldung unseres Interesses war damit durchzogen.*

*In seinem exzellenten Vortrag, den er nur für uns abhielt, erfuhren wir von Dr. La-
mers, dass vor wenigen Wochen eine Landreform durchgezogen worden war, die alles bisherige auf den Kopf stellte: alle Bauern waren aufgefordert worden, ihre
Pachtverträge aufzulösen, damit alles Ackerland neu, nun aber unter weniger Akteu-
ren aufgeteilt werden konnte. Nun muss man wissen, dass nicht jeder Boden gleich
gut ist und nicht jeder Akteur ein guter Bauer, der über hinreichend Erfahrung mit
Bewässerung und Düngung und vieler Themen mehr verfügt. Der Erfolg einer sol-
chen Aktion war als Misserfolg schon vorprogrammiert – zumindest als Misserfolg
für die Natur und in diesem speziellen Fall des Wassers, da nicht die kompetenten
Bauern, sondern die ... .*

*Dass die Wassernutzer des Amudarja im Gebiet um Chiwa in der Oase Choresm
das Wasser verbrassen können, können sie nur so lange machen, wie es die Wassernutzer weiter oben am Flusslauf nicht schon exzessiv gemacht haben. Es wird
bald so sein, weil die Bauern weiter oben den Amudarja dann schon leer gemacht
haben werden, dass die Oase Choresm kein Wasser mehr bekommt, wie der „arme"
Aralsee. Dann werden von hier wieder Menschen auswandern, wie die die in*

Moynak keine Arbeit mehr hatten, und sie werden sich an Flussläufen niederlassen, deren Wasser verbrassen und so weiter … Der Staat ist sich der Problematik bewusst, er hat aber immer noch kein Konzept, wie er seinen Menschen eine nachhaltige Wasserwirtschaft verordnet, die auch den nächsten Generationen noch eine solide Lebensbasis bietet.

Wir erfuhren: rund 98% des Wassers werden in dieser Region für die Landwirtschaft genutzt. Er hatte sehr deutlich aufgezeigt, wie ineffizient die Bewässerung funktioniert und was alles durch ein gutes Management gespart werden könnte (und damit wieder einiges Wasser im Aralsee landen würde). Sein Focus liegt auf Bildung und Agrarberatung.

Wir gingen noch in einem typischen Restaurant essen und diesmal bekamen wir Fleisch mit Gemüse in einem quasi Brötchen eingebacken. Den Nachmittag verbrachten wir wieder in unserem Cafe in der Altstadt und genossen auf dem Platz bei Kaffee und Tee die Nachmittagssonne.

Nach einer Weile ist wieder Bewegung angesagt und wir schlenderten in Richtung Basar, fanden auf dem Weg dahin einen Kiosk, an dem wir sehr schöne usbekische Briefmarken kaufen und die Postkarten abgeben konnten (es sei erwähnt, dass die Post zuverlässig arbeitet– es waren alle Karten zu Hause bei den Adressaten angekommen).

Der Markt bzw. Basar hatte sich um 16 Uhr „verlaufen", einige Händler waren noch beim Aufräumen und Straßenfegen. Das Tagesgeschäft schien „gemacht".

Wir gingen nochmals zum Ak Shaiku Bobo, der Zitadelle, zu den Verkäuferinnen, denen wir gestern mehrere

Schals abgekauft hatten. Wir wussten ja nun, dass abends die Tickets nicht mehr kontrolliert werden. Peter tauschte seinen Schal um, den er gestern für 5 $ erstanden hatte. Erst im Hotel hatten wir nämlich gesehen gehabt, dass das „gute Stück" aus zwei verschiedenen Materialen gefertigt worden war und damit aus zwei Hälften bestanden hatte, die nicht zusammen passten (ob sie uns den untergeschoben hatte, denn schließlich kommen hier die Touristen normaler-weise nicht wieder …, konnten wir nicht mehr rekonstruieren). Die „gute Frau" tauschte den Schal auch sofort um, wollte dann aber für den Neuen 6 $, schließlich wäre der größer, wir lehnten eine nachträgliche Preiserhöhung ab, was von ihr akzeptiert wurde. Wir sahen das sportlich, schließlich, darf „Frau" ihre Masche versuchen dürfen. Nach einigem hin und her schafft sie es dann, uns noch einen sehr schönen roten Schal für zusätzliche 5 $ zu verkaufen. Damit war das Kapitel Mitbringsel fürs Erste abgeschlossen.

Wir gingen weiter in Richtung Neustadt und fanden ein ansprechendes Cafe am Kanal. Aus der Ferne tönte orientalische Musik und das Ambiente in der Sonne war perfekt. Wir sitzen lange und genießen die Wärme, bis die Sonne lange Schatten wirft.

Auf dem Weg zurück ins Hotel schauen wir beim Puppentheater vorbei, in der vagen Hoffnung, es könnte vielleicht eine Vorstellung geben. Die Tür stand offen, wir gingen hinein. Das Haus wirkte feucht und kalt - aber auf unser „Hallo" kam ein alter Mann an "geschleppelt". Er begrüßte uns freundlich, nur wir verstehen sein usbekisch nicht und er nicht unser englisch.

Irgendwie klappt die Verständigung trotzdem und er zeigte uns sein Theater. Erst den großen Saal, er knipst die Beleuchtung ein, trotzdem wirkte alles düster und ein bisschen muffig. Wir versuchten, ihn zu fragen, ob es denn heute eine Vorführung gäbe? Er bringt uns zu einem jüngeren Mann, der offensichtlich sein Sohn war, aber auch der konnte kein Englisch. Aber er hatte Freude daran, seine vielleicht gerade eintönige Arbeit zu unterbrechen und zeigte uns den Vorführraum, wir durften hinter die Kulissen schauen und die vielen Puppen bestaunen. Er holt extra zwei lustige Puppen hervor und wies uns an, vor den Vorhang zu gehen und zeigte uns, wie es aussehen würde, wenn er vor Publikum spielte.

Abb. 45: Puppentheater für uns

Es war schön und irgendwie traurig zugleich: als spiele er vor einem gefüllten Saal… Applaus. Wir spendeten ihn und konnten es nicht lassen, eine Geld-Spende zu geben, die die Beiden erst gar nicht annehmen wollten (dann bedankten sie sich aber doch – sehr herzlich und gestenreich).. Die Beiden hatten sich über unser Interesse riesig gefreut – und wir kamen bei all der Freundlichkeit gar nicht mehr weg.

Ein „Sich-Bedanken" sieht auf usbekisch folgendermaßen aus: Mit würdevoller Geste werden die beide Hände, mit den Handflächen zum Gesicht, im Abstand von einigen Zentimetern vom Gesicht zur Brust geführt und dabei eine leichte Kopfneigung gemacht.

Ich machte noch ein Foto vor dem bunten Wandbild im Theater und wir verabschiedeten uns herzlich. Leider konnten wir nicht in Erfahrung bringen, wann die nächste Veranstaltung sein würde.

Es war wieder Essenszeit und wir gingen dieses Mal zum Restaurant „Faruk", wo man draußen sitzen kann. Wir waren zunächst die einzigen Gäste gewesen. Später kamen einige Herren, die in angrenzende Gebäude verschwanden, die man als Separee bezeichnen könnte. Es gab natürlich Karotten und dazu Auberginen-Salat und Plov. Wir hatten bisher auf unserer Reise noch nicht so teuer gespeist – im Reiseführer war das Lokal empfohlen gewesen, diese Empfehlung können wir aber leider so nicht weitergeben, das Preis-Leistungs-Verhältnis stimmte nicht.

Den Abend ließen wir noch gemütlich ausklingen, mit neuesten Nachrichten aus Deutschland aus der Deutschen Welle, einem schönen heißen Bad, neben Lesen und Tagebuch schreiben.

7. Tag (Freitag)

*Weiterfahrt nach **Buchara** (500 km, ca 7 Std). 2 Übernachtungen in Grand Hotel Buchara.*

Aus dem Fenster konnten wir sehen, dass Nikolai schon bereit war. Um 8.45 Uhr saßen wir im Wagen und starteten in Richtung Buchara. Es ging zunächst einmal wieder in Richtung Urgench, da dort die Straße besser wäre (und nicht am Amudarja entlang). Na ja, wir hatten keine Ahnung wie schlecht „schlecht" war. 480 km hatten wir vor uns. Es regnete leicht. Nach knapp zwei Stunden machten wir eine kleine Kaffee-Pause.

Auf dem Weg nach Buchara

Die Straßenkilometer fliegen quasi unter unserem Daewoo Nexia dahin, zeitweise ließ der Straßenbelag sogar wieder Tempo 100 zu – die Durchschnittsgeschwindigkeit war jedoch viel geringer, weil es – wie früher auch bei uns – keine Umgehungsstraßen gibt und die Landstraße jedes Dorf mittendurch durchschneidet. Kurz hinter der Distriktgrenze Chiwa-Choresm haben wir noch 240 Kilometer Landstraße vor uns – wir werden begleitet rechts und links von Sanddünen neben der schwarzen Piste, die heute grün schimmern, weil vor 3 Tagen der Regen auch die Wüste erreicht hatte und die Grassamen, die vielleicht mehrere Jahre im Dünensand geruht haben, nun zum Leben erwacht sind. Auch heute nieselt es. Allerdings spüren wir nur die Feuchtigkeit als feuchte Luft, nass werden wir nicht auf dem Weg vom Auto in die Gaststube bei einem Zwischenstopp, weil die Regentropfen verdunstet sind, bis sie uns erreichen konnten.

Dieses Café ist einen eigenen Abschnitt „wert" – wir sind die einzigen Gäste; ein Junge pumpt vor dem Haus zur Bewässerung von ein paar Blümchen trotz des Regens Wasser, die Frau des Gastwirts schiebt einen Kinderwagen aus dem Gastraum und brüht irgendwo im Hintergrund heißes Wasser auf. Der Mann bringt ein Tablett mit 3 Tassen Kaffee, in dem die Milch schlierenförmig wabert, und stellt es vor uns ab: der Rest ist unser. Während der Kaffee langsam Abstand von 100 Grad Wassertemperatur nimmt, bleibt Zeit, die abenteuerliche Heizungskonstruktion im Gastraum zu bewundern: Diverse armdicke Rohre schlängeln sich in verschiedenen Höhen an der Wand entlang, um zu heizen (ich hoffe, das Foto ist aussagekräftig und wenn nicht, stelle man sich die Laokoon-Gruppe vor, die auch Schlangen zu bändigen versuchte). Im Raum standen vier klobige rechteckige Tischgruppen (man nennt das hier „Tschaianas", weil man daran eben Tee trinkt – und keinen Kaffee eigentlich), die jeweils auf drei Seiten von roh zusammen gezimmerten Holzbänken umgeben waren, auf denen man bequem beim Essen liegen kann. Wir hatten uns aber europäisch hingesetzt und gewartet und beobachtet, bis der Kaffee seine Wärme an den Raum abgegeben hat. Da bei Trinktemperatur der Kaffee ebenso wenig schmeckte, besichtigten wir noch den Abtritt („was weg ist, ist weg"), um unserem russischen Asphalt-Cowboy die Gelegenheit zu geben (ohne unser petito „Café" wäre er die Strecken „durchgefahren", frei nach dem Motto: „was weg ist, ist weg"), nun endlich Buchara ansteuern zu lassen.

> *Aus grünem Schatten wurde saftiges Grün und aus einer Landstraße, die noch wie ein Strich mit dem Textmarker über die Dünen gelegt schien, wurde ein wuseliges Gestrick aus Brücken, Kreuzungen, Traktoren, Menschen kreuz und quer zwischen Kleinbussen und Eselkarren, so dass das triste Einheitsgesicht der Wüste schnell vergessen war.*

Mittlerweile waren wir schon etliche Kilometer durch die Karakum-Wüste (was so viel wie „schwarzer Sand", oder auch „bedrohlich" heißt) gefahren. Schwarz war der Sand nicht, das spricht eher für die zweite Bedeutung: bedrohlich. Weit und breit nur Steine und Sand, ab und zu ein paar kleine krautige Büsche. Die Pfützen auf der Straße verrieten uns, dass es geregnet haben musste: ganz zarter grüner Flaum überzog den Boden. Es ist immer wieder erstaunlich, dass, sobald es Wasser gibt, die Vegetation erwacht. Die Straßen waren voller Löcher, Nikolai fuhr sehr konzentriert. Er bougierte uns sicher durch und zwischen den Schlaglöchern hindurch.

Irgendwo in dieser wüsten Wüste liegt eine kleine Restaurant-Oase. Dass davor und danach nicht „viel" kommt, wurde deutlich, da alleine in der einen Stunde, in der wir rasteten, 5 Touristen-Busse eintrafen, die dieses Restaurant zur Mittagspause auch angesteuert haben. Wir saßen in einem schönen Garten unter frischen frühlingsgrünen Bäumen und aßen Schaschlik, Salat und Brot.

Dann ging es noch gut drei Stunden weiter durch die Kizilkum – Wüste. Die Fahrt war eintönig, ab und zu waren einige Schafe und Rinder zu sehen, die das zarte Grün abknabberten. So ca. 50 km vor Buchara tauchten die ersten Weizenfelder auf. Wir näherten uns der berühmten Oase an der Seidenstraße.

Abb. 46 + 47: Café an der Straße (man beachte die Heizung)

Abb. 48: Mittagessen unterwegs (ip)

Buchara hat eine ziemlich wilde, 2.500 Jahre alte Geschichte zu bieten, wie man nachlesen kann. 1920, also gar nicht lange her, haben die Russen den letzten Chan erst nach Sibirien verbannt und die Sklaverei beendet.

Abb. 49: Grand Hotel Buchara (ip)

Wir „landeten" im Grand Hotel, einen Kilometer von der Altstadt entfernt. Das Haus war renoviert worden – der Kühlschrank war in unserem Zimmer noch gar nicht angeschlossen. Wir hatten den Eindruck, dass die Maler erst tags zuvor fertig geworden wären. Es roch nach Farbe und die Abklebe-Streifen am Holz neben der Tapete waren nicht überall entfernt. Gerade eingecheckt, machten wir uns auf den Weg zur Altstadt. Wir überquerten manche „neue" Straße mit typischen Sowjetgebäuden und suchten auf Zickzack-Wegen den Weg durch verwinkelte Gassen, zwischen landestypischen Einfamilienhäusern.

„Labi-Hauz" war unser Ziel, ein quadratisch angelegtes Wasser-Bassin, etwa 100 auf 100 m groß, das früher der Trinkwasserversorgung gedient hatte. Heute ist es umrahmt von Restaurants und Gartenlokalen, unter schönen Schatten-spendenden Laubbäumen. Wir fanden ein gemütliches Plätzchen

in der Spätnachmittagssonne und genossen den ausklingenden Tag. Wörtlich, da wir mit orientalischer Musik aus Lautsprechern beschallt werden.

Abb. 50: Labi-Hauz – der zentrale See im Zentrum von Buchara (ip)

Abb. 51 (ip): Frauenrunde im Café am Labi Hauz in Buchara versus

Abb. 52: Männerrunde um das Denkmal am Labi Hauz in Buchara

Es meldete sich mein Magen und verlangte ein Abendessen. Wir gingen zu einem Lokal am Labi-Hauz, wo wir schon den Aperitif genommen hatten. Peter bekam einen riesigen Kebab-Spieß und ich gebackene Nudeln mit Fleischstückchen. Das Essen war recht gut, allerdings viel zu reichlich.

Wir fanden wieder den Weg trotz Zickzack zurück zum Hotel, und waren froh, nach dem reichlichen Essen noch ein paar Schritte gehen zu können.

Zurück im Hotel, ein bisschen Deutsche Welle geguckt, ein heißes Bad – und wieder ein interessanter Tag war zu Ende.

Buchara

Buchara liegt etwa 400 km weiter im Süden als Chiwa und ist damit schon zu dieser Jahreszeit „mehr" von der Sonne verwöhnt, was sich in der Höhe des Korns deutlich sichtbar machte. Der Frühling hat diese Zone schon erreicht, so dass die Blätter an den Bäumen grüner und die Blütenansätze ausgeprägter sind.

Und die Menschen tragen buntere, hellere, freundlichere Kleidung, was vielleicht daran liegen kann, dass sie hier ohnehin Südländischer sind, was sie ja geografisch sind. Während die Männer hier eher von der Art „Ritter von der traurigen Gestalt" sind, reißen es die Frauen wieder ´raus: Waren in Chiwa die Kleider noch eher in tiefem weinrot oder schwarzgrün, leuchten hier schon mal weibliche Paulchen Panther (also Pinktöne), reflektieren weiße oder helle Blusen oder pastellfarbene Pullunder im Sonnenlicht.

Meine „schwarzen" Ritter tragen aber immerhin heller farbene Tjubetejkas, also Fez-ähnliche Hüte, die aber nicht so hoch sind wie die türkischen und auch keinen Bommel haben; manche sind aus Leder gefertigt. Vom Kopf bis zum Fuß reicht aber das Leder nicht: wie der Weg an etlichen Schuhauslagen zeigte: es gibt landauf-landab quasi nur Kunstleder-Schuhe: Dazwischen tragen „meine" Ritter schwarze Hose, schwarze Jacke, dunkles Hemd und wenn das Hemd heller ist, dann eine schwarze Joppe, eben „Trauriges".

Da das Weibliche eher anzieht, bleibt abgesehen vom Hingucker-Outfit der jungen Frauen um die 20 noch das der mittleren und älteren zu skizzieren: Ich meine beobachtet zu haben, dass die Kleidung mit dem Alter dunkelfarbiger und samtartiger wird (wollte man es „überzeichnen", könnte man schreiben, dass hier ältere Frauen in Kleidern herum laufen, die bei uns als gediegene Morgenmäntel bezeichnet würden und die man aus dem Stoff eines nostalgischen Staatstheater-Vorhangs geschneidert hat). Während diese Kleidungsstücke zumindest den Anschein von wertvoll und gediegen verbreiten, begegnen uns viele, eher schlampig wirkende Pluderhosen aus dem Q-Katalog oder so, denen man schon von weitem ansieht, dass sie aus PET-Flaschen in China recycelt wurden.

Wenn wir schon abrechnen: Unser Hotel in Buchara würde ein Skatspieler als „Grand mit Vieren" bezeichnen, weil das Grand-Hotel Buchara angeblich 4 Sterne hat, zu denen es wohl gekommen ist, weil es dazu kommen sollte. Das Haus war

---

        Ingeborg Pauli + Peter M. Kunz

vor rund 25 Jahren gebaut worden und stand 20 Jahre als Neubau-Ruine an einem der „besten" Plätze, bis es aus seinem Dornröschenschlaf erweckt wurde. Teilweise habe ich es wachgeküsst: ich habe zum Beispiel die Minibar, um genau zu sein, den Kühlschrank ohne Inhalt, „Erst-in-Betrieb-genommen", was gar nicht so einfach gewesen war, weil die Stecker verbogen und die Rückseite des Schranks unter dem Fernseh-Ungetüm noch keinen Kabelausgang gehabt hatte. Da wir nach vier Monaten „Hotelbetrieb" wohl die ersten lebendigen Menschen nach den Handwerkern in diesem Zimmer gewesen waren (klassischer Beweis: die Fernbedienung des Fernsehers hatte noch keine Batterien), hatten wir noch mit einigem zu tun, Sorge machte mir psychisch, dass das Zimmer eigentlich schon wieder sanierungsbedürftig war und insbesondere das Badezimmer nach Reparaturen schrie: die Seifenschale an der Badewanne hing wie ein Häufchen Elend abgebrochen herunter, die Seifenschale neben dem Doppelwaschbecken, eines davon hatte bereits einen Sprung, hatte Brandflecken von Zigarettenasche (im Nichtraucher-Zimmer), der Fugenkitt an der Badewanne hatte sich bereits abgelöst, so dass beim Duschen das Wasser hinten an der Wand hinter die Badewanne hinunterlief, um dort …? usw. usw. usw.

Einen Bericht über den örtlichen See im Zentrum mit den umliegenden Gebäuden, den Flaniermeilen für Touristen mit lokalem Handwerk und der Medresse, in der man abends bei einem Abendessen Folklore und örtliche Damenkleider-Shows gezeigt bekommt, erspare ich mir, weil die verfügbaren Reiseberichte darauf genügend eingehen.

8. Tag (Samstag)

Buchara - *Abendessen und Folklore im Nodir Devon Begi*

Das Frühstück war – wie immer in derartigen Hotels – ein Frühstückseinerlei; trotzdem freuten wir uns erst einmal auf einen starken Kaffee. Um 9 Uhr kam Nikolai, der uns zum Samidehn-Grabmal in einen Park fuhr, der etwas außerhalb der Stadt liegt.

Wir teilten ihm aber mit – Dank einer Verständigungs-/Übersetzungshilfe einer Reisebegleiterin einer anderen Gruppe –, dass er uns nicht den ganzen Tag begleiten müsse und wir auf eigene Faust Buchara erkunden wollten.

Er drückte uns noch die zwei Voucher für die Moschee und die Festung in die Hand und machte nicht gerade einen unglücklichen Eindruck, unerwartet einen freien Tag zu haben.

Abb. 53: Samidehn Grabmal (ip)

Wir gingen aus dem Park hinüber zu einem Markt – und blickten zurück …

Abb. 54: Samidehn Grabmal im Wasserspiegel

Abb. 55: Chashmai Ayub (ip)

Der Markt kam mir vor, wie eine Einkaufsstraße Mitteleuropas. Die Händler haben feste Stände mit einem festen Dach darüber. Alle Häuser waren absolut gleichartig in einstöckiger Bauweise erbaut. Angesichts der vielen Rinder auf den Weiden, sahen wir uns nach Lederschuhen um; aber selbst in einem gutsortierten Schuhladen gab es keine! Alle angebotenen Schuhe waren aus Kunstleder (wir hatten es uns daraufhin deshalb zu einem „Sport" gemacht, in Usbekistans Straßen Lederschuhe zu „kriegen". Ergebnis vorneweg: wir fanden nirgends welche!).

Wir gingen weiter zur Festung, dem Ark und Registan (so heißt hier der Platz vor einer Festung) und trinken hinter dicken Mauern erst mal noch einen Kaffee zur Stärkung, bevor wir unsere Burgbesichtigung machen.

Abb. 55: Kaffee im Café auf dem Ark (Ingeborg mit der Geschäftsführerin)

Abb. 56: Abschreiten der Zinnen

Abb. 57: Abgreifen der Souvenirs

Abb. 58: Ark (ip) – Blick vom Registan

Vom Ausgang war es nicht weit – wir blickten auf ein beeindruckendes Ensemble – zur Altstadt.

Abb. 59: Vom Registan Blick zur Altstadt

Schon waren wir in der Altstadt angekommen und gingen vorbei am Juwelierbasar bis zur Moschee und Medresse Miri-Arab, die heute noch eine Koranschule ist.

Leider war das Minarett Kalon verschlossen, wegen Reparatur, so dass wir nicht hinauf und uns von dort einen Blick über die Stadt verschaffen konnten. Gegenüber lag aber ein Restaurant mit Terrasse und einem schönem Blick auf den Platz. Klar: Hier machten wir gemütlich eine Pause, aßen eine

Abb. 60+61: Schmuckbasar

Abb. 62+63 (ip): Minarett und Miri Arab

Kleinigkeit und genossen den Ausblick.

Abb. 64 (ip): ein besonderes Ensemble

Wir gingen durch mehrere Basare mit
gewölbten Gebäudehüllen.

Abb. 65: eine der vielen Markthallen

Abb. 66: für kalte Winde

*Abb. 67 + 68:– manches Mal heiß her-
gehend oder Produkte davon …*

Abb. 69: für alle etwas

Am Taxistand vor dem Labi-Hauz fanden wir eines, das uns für 1.000 Sum
(ca. 50 Cent) zurück zum Hotel brachte. 1 x Duschen und 20 Minuten Mit-
tagsschläfchen und wir waren wieder
für neue Taten hergestellt. Die Taten
waren aber erst einmal hinüber ins angrenzende Palace Hotel (unser Hotel

war uns zu ungemütlich!) zu gehen und dort gemütlich Kaffee zu trinken.

Zurück in unserem Hotel fuhren wir mit dem Fahrstuhl in den 12. Stock hinauf auf die überdachte Dachterrasse, die allerdings noch eine große Baustelle war, und freuten uns über den schönen Ausblick, hinüber zur Altstadt und zur Festung.

Abb. 70-72: Buchara vom Hoteldach (gezoomt)

Pünktlich um 17 Uhr war Nikolai vor dem Hotel (wegen eines Fußballspiels im nahen Stadion waren jedoch alle umliegenden Straßen großzügigst abgesperrt, so dass wir ganz schön lange laufen mussten, um zum Wagen zu kommen). Wir fuhren in die Altstadt zu der Medresse mit den Vogelmotiven am Eingang, der Madrassah Nodir-Divanbegi), in deren Innenhof sich ein Gartenrestaurant befand.

Davor studierten wir aber noch ein wenig die Usbeken, die sich ihrem Feierabend hingaben.

Abb. 73 + 74: Sitzgruppen um den Labi Haux am Abend

Dort wurde >touristisch< neben einem Abendessen (es gab ein viergängiges Menü, das von mittlerer Qualität gewesen war) Folklore geboten. Eigentlich war es eine Verkaufsveranstaltung für Kostüme, die – man stelle sich vor, dass dieses Spektakel jeden Abend geboten wird – aber durch das farbenfrohe Ambiente und die musikalische Begleitung gefällig gewesen war – ein Blick in die Auslagen der kleinen Ladengeschäften in den Arkaden blieb nicht aus. Alles war prächtig und sehr bunt.

Abb. 75-77 (ip): Folklore zum Abend

Da wir den Weg zurück ins Hotel kannten und etwas Bewegung uns gut tat, gingen wir zu Fuß zurück. Nikola war froh, dass wir seine Dienste nicht mehr brauchten (und abgesehen vom Gratis-Abendessen hatte er – wer weiß wie oft schon – diese Darbietungen ansehen und Gäste begleiten müssen, er deutete uns an, dass die Veranstaltung ihn sehr langweilte). Auch ohne viele Worte verstehen wir uns inzwischen mit ihm ganz gut.

9. Tag (Sonntag)

*Weiterfahrt nach **Nurata** mit Abstecher nach Vabkent. Fahrt durch die Kyzylkum Wüste über Nawoi.*

*Übernachtung in Yurten in **Jangikarzgan** im Camp*

Frühmorgens fuhr ich nochmals mit dem Fahrstuhl in den 12. Stock, um ein Foto in der Morgensonne von Buchara zu machen. Dann ging es los.

Wir machten zunächst einen Abstecher nach Vabkent, da hier ein sehr schönes Minarett anzusehen sein soll, das von den Karachaniden erbaut worden war (es ist 39 m hoch).

Es war zwar Wochenende, Sonntag, trotzdem war Wochenmarkt. Wir schlenderten darüber – er fand im Unterschied zu den bisher gesehenen Märkten vollständig unter freiem Himmel statt.

Etwa 80 km entfernt von Buchara betrachteten wir in Rabat-i-Malik das Portal einer ehemaligen Karawanserei aus dem 11. Jahrhundert. Das große Portal ließ mich erahnen, wie riesig die Anlage einst gewesen sein musste.

Abb. 78: Minarett in Vabkent

Abb. 83: Karawanserei unterwegs

Abb. 79 - 82: Markttag in Vabkent

In Nurata machten wir eine Mittagsessenspause. Von Außen hatten wir diesem Haus wieder einmal nicht angesehen, dass hinter Mauern und einfachem Holztor ein prächtiger Garten liegen und sich ein kleines Restaurant im Familienbetrieb befinden würde.

Zunächst war Händewaschen angesagt … (es gab zwei Handwaschbecken – und zur Kultur der Handwaschbecken betrachte man auch das Element aus dem Park in Buchara).

Abb. 84: Handwaschbecken im Restaurant in Nurata (ip)

Der Inhaber war begeistert von unserer Begeisterung und zeigte uns seine „Außenanlage". Ins Wohnhaus lud er uns allerdings nicht ein, aber sein privates Hamam führte er stolz vor (es war übrigens angerichtet, wir hätten uns eigentlich gleich auf den warmen Steinen wärmen können). Stattdessen bekamen wie ein mehrgängiges Menü serviert, bestehend neben der typischen Suppe, aus usbekischen Ravioli.

Auf dem Weg aus der Stadt heraus, besichtigten wir – mit vielen anderen Ausflüglern – die Reste einer Befestigungsanlage, die schon von Alexander dem Großen erbaut worden war.

Abb. 85: Handwaschbecken in Buchara- Nachklapp

Abb. 86: Reste der Großen Befestigungsanlage in Nurata

Von dem angrenzenden Hügel, haben wir einen herrlichen Blick in die Landschaft. Irgendwie (aber weshalb ergründeten wir nicht) ist der Ort so etwas wie ein Wallfahrtsort.

Sehr klares Wasser aus einer nahen Quelle sammelt sich hier in einem kleinen Bassin, in dem sich Hunderte von Forellen tummeln. Das Wasser scheint Heilkraft zu haben (wir entdeckten eine Tafel, auf der die Zusammensetzung des Wassers beschrieben war), das sich die Leute aus dem Abfluss des Bassins abfüllten.

Abb. 87 : Wallfahrtskircche

Abb. 88 : im Sonntagstaat

Dazu hatten sie Plastikflaschen und sonstige Behälter mitgebracht (oder gekauft: Dutzende Händler hatten alle möglichen Größen im Angebot). Für uns war das kein Thema gewesen, Fisch-Pipi trinken, brrh!

Es handelte sich aber wohl um einen sehr beliebten Ausflugsort, sonst hätten hier nicht so viele Souvenir-Läden

Abb. 89 – 91: Blick aufs Wasser in Nurata

ihre Stände aufgebaut (und u.a. Plastikflaschen für das „Mit-nach-Hausenehmen" von Fisch-Pipi-Heilwasser verkauft).

Heilwasser in Nurata

Von Buchara aus kommend speisten wir mittags in einem Gasthaus, das man von außen beim besten Willen nicht als Speiselokal hatte erkennen können. Kein Schild oder etwa eine Speisekarte oder nur eine Schrift an der Hauswand wiesen dieses Haus als Herberge aus. Alle Häuser drum herum hatten zur Straße hin hohe Mauern, vor den Häusern parkten keine Autos (diese sind ja alle hinter großen Garageneinfahrten versteckt) – die Straße wirkte „verlassen" und erinnerte mich an Zeiten als Hitchcock-Dreiteiler mit Joachim Fuchsberger die Straßen bei uns leergefegt hatten.

Aber wenn man´s weiß und die nicht vorhandenen Straßenschilder richtig interpretiert (was mal wieder bestätigte, dass die Entscheidung, einen lokalen Fahrer anzuheuern, richtig gewesen war), bekommt man hier ein gutes Essen. Einheitlich wie gewohnt: x, y und z. Wir waren die einzigen Gäste und mein Interesse an der schönen Anlage wurde mit einer Besichtigungstour belohnt: der Garten war üppig grün, die Rückfront des Haupthauses enthielt eine laubenartige Terrasse, auf der für uns eingedeckt war, und seitlich war ein – vielleicht einmal – Geräteschuppen mit groben Steinfliesen dekoriert, hinter denen sich ein Hamam befand. Wer sich auskennt, weiß, dass man im Hamam immer wieder mit heiß-warmem Wasser überschüttet wird (und kein fließendes Wasser braucht). Die Steinliegen waren schon warm und in den Kesseln brodelte das „Abspül"-Wasser …. Leider waren wir nicht zur Massage hier, sondern nur zum Essen.

Unangenehm sind mir die Auftritte, wenn nach dem „guten" Essen, anschließend noch allerlei Hausarbeit in Form von Handarbeiten vorgestellt werden; man kommt da so schlecht wieder weg, ohne etwas abgekauft zu haben. Geahnt hatte ich, dass die Tischdeckchen usw. von so schlechter Qualität gefärbt waren, dass wir nur das „Höflichkeitskäufle" geordert haben, das zuhause gleich „in die Tonne" wanderte, weil bereits feuchte Luft die Farben in Bewegung versetzt hatten. Nichtsdestotrotz das Einheitsmittagessen war üppig gewesen und der kleine Spaziergang in den Ruinen, die Alexander der Große in Nurata hinterlassen hatte, eine willkommene Gelegenheit, sich zwischen Usbeken (und ein paar französischen und japanischen Touristen) auf eine kleine bergige Tour zu begeben.

Nurata soll 327 von Alexander dem Großen auf seinem Spaziergang in den Osten gegründet worden sein. Die Festung im Süden der Stadt, aber insbesondere die Wasserversorgungsanlage sind z. T. noch erhalten und werden noch genutzt. Der Komplex von religiösen Bauten "Chasma" (das ist ein Tadschiken Wort für den „Frühling") umfasst die Quelle, einen Brunnen, die Moschee "Djuma" und das Badehaus (khamom). Die runde Djuma Moschee war über der Quelle errichtet worden; die Kuppel ist 16 Meter im Durchmesser – sie ist eine der größten in Zentralasien. Nahe bei Nurata ist eine der größten antiken Pipelines („kariz") gebaut worden, die noch heute Wasser heranführt.

Auf dem Weg zu den am Berg verstreuten Ruinenanlagen war mir aufgefallen, dass am Straßenrand leere Plastikgefäße, meistens PET-Flaschen mit dem weltbekannten Aufdruck, der auf die Coca-Pflanze hinweist, ver- und gekauft wurden. Vorbei an Eis-schlotzenden Kindern im Sonntagsstaat und Generationen von Familien sahen wir, dass sich Schlangen (vorwiegend Väter) mit Plastikgefäßen auf engen Treppchen zum Rand eines Forellenweihers hinunter bewegten, um Fisch-Pippi-Wasser abzufüllen. Der Gedanke, dass es mehr Pippi als frisches Quellwasser war, drängte sich auf, weil der Weiher fast schwarz von Fischleibern war. Es war wohl ein Heilwasser …

Weltweit, also auch hier, werden vor geschichtlichen Anziehungspunkten in roh zusammen gezimmerten Verkaufsständen vorwiegend chinesischer Plunder und lokale Süßigkeiten angeboten, bis man am Objekt des Interesses angekommen ist. Hier in Usbekistan ist – _welteng_ – anzumerken, dass die Händler nicht aufdringlich sind: im ganzen Land erlebten wir Verkäufer sehr zurückhaltend, wir wurden selten (außer s.o.) zum Kaufen gedrängt und konnten uns in den Geschäften ungestört bewegen, Sachen ansehen und wieder zurück legen …

Abb. 92a+b: Wege-Gefährten (ip)

Die Fahrt führte uns weiter aus Nurata hinaus durch einige Dörfer zum Jurten-Camp. Ich staunte nicht schlecht, als wir auf der Straße Landschildkröten sahen, die die Straßen zu Hunderten überquerten (nicht alle hatten „es geschafft" und säumten leider – wie bei uns häufiger einmal tote Igel – den Straßenrand).

Abb. 93: Landschildkröten auf dem Weg zur anderen Straßenseite (ip)

Von der befestigten Straße zweigte eine Sandpiste ab und führte uns querfeldein in die Steppe. Weit und breit sahen wir nur noch Steppe. Dann in einer Mulde versteckt, tauchte unser Ziel, das Camp mit einem Dutzend Jurten auf, die verstreut um einen Sammelplatz standen. Wir bekamen eine Jurte für uns.

Abb. 94 (ip) + 95: Camel-Camp mit Ingeborg auf Auswegen

sammen, die in ihrem Winterfell noch richtig wuschlig aussahen.

Abb. 96 + 97 (ip) : Kamele Winterfell

Der Raum war dunkel: innen mit Filsmatten ausgelegt; es roch streng nach „Tier". Die Betten waren wieder aus zwei kräftigen Matratzen als Lager auf dem Boden bereitet. Nach der Begrüßung mit Tee machten wir Siesta. Zunächst waren wir nämlich die einzigen Gäste und um uns herum war alles ganz ruhig gewesen. Wie ich vor dem Einschlafen so zur Jurtendecke schaute, sah ich, dass die Decken Löcher aufwiesen (so hoffte ich, dass es hier auf uns nicht regnen würde - Überraschung!, dachte ich). Während Peter sich in ein Buch vertiefte, streifte ich durch die Gegend. Ich entdeckte weitere Landschildkröten und viele Eidechsen, und nicht weit vom Camp stand eine Gruppe von Kamelen zu-

Es gab so etwas wie Kaffee und Kuchen, „an hiesigem Portwein". Daneben lasen, schrieben und genossen wir die friedliche Atmosphäre. Gegen Abend kam eine Gruppe Franzosen, quasi zum Abendessen: Salatbüfett und dazu Fleisch-, Gemüse-, Kartoffeleintopf. Dazu tranken wir wieder Portwein und Tee.

Auf dem Platz vor den Jurten wurde ein Lagerfeuer entfacht, im Kreis darum waren bereits kleine Plastikhocker aufgestellt worden, auf denen wir Platz nahmen (und waren trotz des Feuers froh, dass wir die dicken Fliespullis dabei haben, es war nämlich ziemlich frisch geworden und die Feuchtigkeit

kroch aus dem Boden und in uns hinein).

Ein jüngerer Kameltreiber spielte auf seiner Laute traditionelle Klänge und trällerte ein paar Liedchen, meistens Djamila, dazu. In Anbetracht der häufigen Wiederholungen schien sein Repertoire zwar nicht gerade sehr umfangreich, und dennoch: es war einfach „schön". Wir saßen in der Steppe, lauschten seinen Weisen und schauten mit glasigem Blick in die wärmenden Flammen – und freuten uns einfach. Noch während die Gesänge in vollem Gange waren, gingen wir noch ein paar Schritte abseits des Lagerfeuers in die Nacht … und genossen den wunderbaren Blick auf die leuchtenden Sterne (so viele sind bei uns nicht zu sehen). Der Himmel glitzerte und funkelte, die Luft war klar und es roch nach feuchter Erde und Sand.

Dann richteten wir uns auf eine ziemlich kalte Nacht ein. Mit Taschenlampe bewaffnet suchte jeder noch mal eines der etwas außerhalb stehenden Klo-

häuschen auf (das Foto zeigt eines mit westlichem Komfort am nächsten Morgen) und dann schlüpften wir mit langen Strümpfen und Leggins unter die Decken und hofften, dass das Bett recht schnell warm werden würde, wenn wir uns eng aneinander kuschelnten.

Die Franzosen tanzten noch ums Lagerfeuer und das beruhigende Stimmengeplapper schläferte mich ein.

Abb. 98: Komfort-Abort auf einer Anhöhe beim Camp

Kamel-Camp

Zu allen Reisen in Usbekistan gehört wohl auch eine in die Wüste Kyzylkum [wir hatten die nicht auf unserer Liste gehabt, die dem lokalen Reiseunternehmen für die Planung der Reise vorgelegen hatte], zum Übernachten in einem Zeltlager, das jenen der frühen Kameltreiber nachempfunden sein sollte, wobei man sich hier nicht – wie oben schon beschrieben – in Sachen „Nostalgie" bzgl. Wasserangebot und Hygiene anstrengen musste: es hat sich seit den letzten 2.000 Jahren ja nicht viel bewegt (von einem aufgeholzten Abtritt mit Plastik-WC-Brille für mehr oder weniger 1 € von REAL auf dem Plumpsklo abgesehen – Ausnahmen bestätigen bekanntermaßen die Regeln).

An dem auf „ursprünglich" gemachten Ambiente störte auch ein alter Eisenbahnwaggon nicht, der neben dem Hauptzelt parkiert war: für unsereinen ist ja auch ein Vehikel, auf dem das Jahr 1923 eingestanzt ist, weit vor unserer Zeit und nostalgisch. In diesem war die Küche untergebracht, und vor allem der gasbefeuerte Kühlschrank, aus dem kühles Pivo zum Vorschein kam. Davor war das offene

---

Hauptzelt und ein kleineres, geschlosseneres, in das man sich zurückziehen konnte, wenn einem zu kalt geworden war und man dem muffeligen Kamelgeruch aus den Decken nichts mehr Negatives abgewinnen konnte.

Die Zelte, die ja hier Jurten heißen, für die Gäste an sich sind mehrfach mit Kamel-fellen gedeckt und mit echten Teppichen ausgelegt. Licht dringt auch bei hohem Sonnenstand nur spärlich ein, was bei großer Hitze sicherlich angenehm ist. Meist ist der Türbereich bzw. die Türe, die natürlich „natürlich" ist (aus Fell) und die man besser zulässt, um den Fliegen den Zutritt zu verwehren, ein wenig undicht, so dass spärlich die Berge von Teppichen und Decken beleuchtet werden, die im Innern be-reitliegen, wenn man eintritt. Glücklicherweise regnete es bei unserem Aufenthalt nicht (wie Tage zuvor, an denen die Camp-Gäste ziemlich zusammengepfercht sich gegenseitig wärmen und in zum Teil durchfeuchteten Kleidern eine Nacht aushalten mussten).

Nach und nach kamen Kleinbusse mit Reisegruppen oder Reisepärchen an, denen die einzelnen Zelte zugewiesen wurden, pro Gruppe ein Zelt (obwohl am nächsten morgen erkennbar war, dass einige Zelte unbenutzt geblieben waren, „durften" manche Reisende gemischt im Dutzend ein Zelt nutzen; Schlafräume ohne jeglichen Rückzugsraum für einen Einzelnen – die meisten werden wohl in Kleidern geschla-fen haben). In endlicher Entfernung harrten die besagten Kamele, die den Camps ja den Namen geben, um sich besteigen zu lassen und die Reiter mehr oder weniger über ein paar Hügel gegen Aufpreis im Kreis durch die Wüste zu schaukeln.

Den Abend verbrachten wir nach dem Standardessen x, y und z, das es auch hier reichlich und optisch ansprechend gab, im wesentlichen mit Franzosen, die einen singenden Reiseleiter mitgebracht hatten, am Lagerfeuer – begleitet von arabischen Liedern, von denen „Djamila" vielfach, eigentlich non-stop inbrünstig intoniert wurde. Wodka und süßer Rotwein auf der einen Seite und die feuchte Kälte, die aus der Wüste heran waberte, taten aber bald das ihre und ließen die Sänger und Tänzer in die Zelte verschwinden. Dann legte sich die klare Nacht über die Zelte und der übersichtliche Sternenhimmel leuchtete den Schlafwandlern auf dem Weg zu den Hügeln, wo sie sich ordnungsgemäß der einverleibten Speisen und Getränke ent-sorgen konnten. Frühstück und Auschecken gestalteten sich recht locker, wie die Gesichtswäsche an einem kleinen Waschtisch, an dem das Seifchen sich Zug um Zug auflöste, während das Handtüchle seiner Funktion nicht mehr nachkommen konnte. Weg ging es vorüber am Aydarkul-See und ein großer Teil des Wegs wieder zurück über Navoi, weil durch den Regen der letzten Tage manche Straßenab-schnitte auf dem direkten Weg nach Samarkand für konventionelle Fahrzeuge un-passierbar geworden waren.

10. Tag (Montag)

*Weiterfahrt nach **Samarkand** mit Ab-stecher zum Aidarkul See - 3 Hotel President Palace.*

Früh krabbelten wir aus den warmen Decken hervor. Ein Vogel saß auf dem Dach unserer Jurte und trällerte mit großer Ausdauer und Inbrunst ein

Morgenlied. Wir freuten uns auf die erste Tasse Kaffee an diesem Morgen und hauchten unseren steifen Knochen wieder Leben ein. Die Franzosen waren früher am Buffet und wir mussten schauen, dass wir im Kampf um´s Frühstück am Büfett nicht kurz kommen würden. Anschließend fuhr Nikolai uns zum Aydarkulsee durch ausgedehnte Steppengraslandschaften.

Abb. 102 (ip) -104: Blumen und Blüten in der Steppe

Nur Gras und sanfte Hügel, so weit das Auge reichte, dann tauchte der See auf. Wir entdeckten seltene Vögel, einer davon sah aus wie ein Wiede-

Abb. 99 (ip) - 101: Am Aydarkullsee

hopf, andere wie Haubenlerchen. Wir erfreuten uns an breit verstreuten Wildtulpen, gelbe und rote Tupfen in der Steppe. Auf die Fläche gesehen wäre ein niederländisches Tulpenfeld nichts dagegen gewesen. Ausgraben ließen sich die Pflanzen nicht. Die Wurzeln besaßen nicht wie bei unseren Tulpen Knollen, sondern wurzelten in ganz langgezogenen Wurzeln tief in der Erde. Peter kam selbst mit dem Taschenmesser nicht ran, wir hätten schon einen Spaten gebraucht, um eine mitzunehmen. Also suchten wir verblühte Tulpen in der Hoffnung, Samen mitnehmen zu können.

Die Straße nach Samarkand war gesperrt gewesen. So mussten wir wieder zurück nach Nurata, an Navoj vorbei, bis wir von dort dann nochmals runde 180 km nach Samarkand fahren müssen: Wir fuhren an Farmland vorbei, an Maulbeerbaum-Windhecken, Weizen- und Baumwollfeldern.

Mittags (gegen 15 Uhr) erreichten wir eine turbulente Stadt und unser Hotel „Präsident" mit 4 Sternen. Unser Zimmer lag im 7. Stock, von wo wir einen guten Blick auf Samarkand hatten.

Nach dem Jurtenkamp hatten wir erst das Bedürfnis, uns heiß zu duschen, um wieder frisch und „sauber" die Stadt entdecken zu gehen. Es zogen allerdings dicke, schwarze Wolken auf, ein mächtiger Sturm war aufgekommen, es flogen Äste auf die Straße und die Leute suchten irgend-wo Unterschlupf. Wir wagten uns auch nur bis zum nächsten Café zwei Straßenecken weiter, das aber mächtig überfüllt war. Unser Erkundungsdrang setzte sich durch: Wir gingen einfach ein-

mal um den „Block" und fanden zunächst ein Lokal, um dort eigentlich nur einen Aperitif zu nehmen.

Es wurden aber Teller mit lecker aussehenden Mantis an uns vorbeigetragen, so dass ich mir auch welche bestellt habe. Irgendwie verstand mich die Bedienung nicht: ich bestellte „vegetable"? sie brachte 5 fleischgefüllte. Peter hatte noch keinen Hunger, so pulte ich mir von zweien den Nudelmantel herunter und musste leider den Rest zurück lassen. Geschmacklich waren die Mantis sehr gut gewesen. Und dann noch: Der Wein war schrecklich süß gewesen, puuuuh. Na ja, irgendwie Missverständnisse Da hatte es Peter mit einem Bierchen einfach einfacher gehabt. Wir zahlten und gingen.

Um beinahe Gäste einer Hochzeitsfeier geworden zu sein, wenn wir nicht noch schnell die Kurve gekriegt hätten... Es waren schon extra Stühle herangeholt und Platz am Tisch gemacht worden, ein paar reifere Männer hätten mich gerne als Tischnachbarin gehabt, eine Abwechslung hätten sie sicherlich gerne erlebt. Wir waren auf unserem Spaziergang durch musikalische Klänge auf das Gebäude aufmerksam geworden und hatten spät erkannt, dass es sich um einen Hochzeitspalast handelte. Der Saal war riesig mit bestimmt mehr als 300 Gästen. Das Brautpaar saß übrigens fern auf einer Empore, für uns kaum zu erspähen. Es hatte damit einen guten Überblick über die Gäste, die ausgelassen feierten, aßen, tranken und tanzten.

Abb. 105 – 107 (links): Hochzeitsfeier im „Hochzeitspalast Samarkand"

Wir fanden noch einen Supermarkt, wo wir der Verkäuferin mit Händen und Füssen klar zu machen versuchten, dass wir einen trockenen Rotwein kaufen wollten, den wir auch schließlich bekamen.

Im Restaurant Astoria aßen wir zu Abend. Es gab eine sehr reichhaltige Speisekarte, von Schnitzel, Pizza und usbekischen Gerichten war vieles angeboten. Das Essen schmeckte ordentlich, aber nicht herausragend, vielleicht der Grund, dass wir die einzigen Gäste in diesem gehobenen Etablissement geblieben waren.

Die usbekische Küche hatte uns bisher nicht wirklich viel Abwechslung geboten. Kartoffeln + Karotten oder Karotten + Kartoffeln und gekochtes Fleisch. Das Essen war oft nicht gewürzt und das Fleisch eher trocken.

Essen

Zum Essen wäscht man sich die Hände: an einem Waschtisch, einem mehr oder weniger Holzgestell, das unterschiedlich aufwändig mit unterschiedlich veredelten Blechteilen ummantelt ist. Manche Waschtische waren Kunstwerke, manche eher funktional. Die schönsten Exemplare haben wir in Moynak gesehen (und leider nicht fotografiert, weil wir sie zunächst nur „angesehen", aber den kulturellen Schatz dieser Waschtische nicht „gesehen" hatten).

Im Grunde darf man sie sich vorstellen, wie eine kulturelle Explosion, die aus der Kultur der Waschschüsseln der 1900er Jahre hervorgegangen ist: Vorne sahen wir zum Teil Emailschilder, die an die Werbetafeln von Kernseife oder Coca Cola aus den 1930er Jahren erinnerten und allerlei Verzierungen aufwiesen. In irgendeiner harmonischen Weise waren meistens auskragende Kästchen zur Aufnahme von Seifenstückchen und Zahnbürsten angebracht gewesen. „Hinten" – also hinter einer Frontplatte – besitzen die Waschtische einen verzinkten Frischwasserbehälter (der das Wasser kühlt und konserviert) und unter dem Handwaschbecken eine Auffangschale für das Schmutzwasser. Dazwischen befindet sich ein Miniwasserhahn, immerhin, der sparsam zwar, aber doch stets, wenn nicht einer vergessen hat, das Behälterchen mit seinen zwei Litern Wasserfassungsvermögen aufzufüllen, fließendes Wasser simuliert.

Das Essen selbst war schmackhaft, aber meist relativ wenig vielfältig: es gibt Mantis und Minimantis (die dann Pilimeni heißen), und die man als Maultaschen bezeichnen könnte, die im Gegensatz zu den schwäbischen Gottesbescheißerle Lamm- und/ oder Hammelfleisch enthalten. Golubci (Krautwickel) gab es häufiger im Angebot, Damlama gab es immer (das ist dann „z"): Kartoffeln plus Karotten und ein bisschen Fleisch. Sosiska (kleine Lyoner Würstchen) dekorierten den Frühstückstisch. Und natürlich gibt es immer Non (Brot), das man für rund 600 Sum an der Straße kaufen kann (vor Bäckereien sieht man dann ein Tischchen, auf dem ein oder zwei Brote ausgestellt sind – Hinweisschilder eigener Art: ein Karton mit Zahlen drauf zeigt den Preis an).

Brot in Samarkand hat Weltruf (zumindest in Usbekistan) und ab und zu gibt es Haschisch-Brot, bei dessen Verarbeitung der Mohn eingearbeitet ist, der uns auf den noch grünen Kornfeldern in schönster roter Blüte vergänglich entgegen leuchtete. Neben der Innendekoration aus Mohnderivaten sind die Brote auch außen interessant dekoriert – dazu verwenden die Bäcker Fakir-Stempel, die uns als Souvenir auf den Basaren angeboten wurden, also stempelartige Holzpaletten, die mit unzähligen Nägeln ornamentös bestückt waren.

In Moynak im Gästehaus von Aruja hatten wir noch auf dem Boden halb liegend, halb angelehnt an unsere späteren Kopfkissen sitzend gefrühstückt, gemittag- und geabendgeesst: Grüner Tee an Kartoffeln, Karotten und Lamm- respektive Hammelfleischstückchen, gewürzt mit pikantem Paprika und viel Petersilie neben Knoblauch und Zwiebeln – variert als Eintopf mal und mal in einem Teig und mal pur. Zu Preisen, wir hatten vorher nicht gefragt und nachher nur mal so ab und an verglichen, die zu unseren lachhaft niedrig, für Usbekistan aber exorbitant waren; nun ja, da es keine Konkurrenz in Form von Restaurants in Moynak gab (das Café war ein Flop) und die Lebensmittel von ferne herantransportiert werden müssen, durchaus gerechtfertigt.

Natürlich kann man auch in Usbekistan zu Weltmarktpreisen außerhalb der 5-Sterne-Hotels speisen, ohne dass es qualitativ besser als bei Aruja gewesen wäre. Das Ambiente und die Hauptstadt kosten halt eben auch etwas.

Wer nur wenig Zeit und einen geschmackvollen Gaumen hat, sollte sich allerdings keinesfalls das Frühstücksbuffet des Hotels Intercontinental in Tashkent entgehen *lassen: es bietet alle Speisen, die es in Usbekistan gibt, bereits zum Frühstück an, in hoher Qualität, für das Auge ein Gedicht und für die Zunge ein Genuss.*

11. Tag (Dienstag)

Es gab endlich ein breites Frühstücksangebot, sogar Frontcooking mit frischen Rühreiern und Omelett.

Dann nahmen wir die Stadtbesichtigung in Angriff, Ziel war der Registan. Auf dem Weg dahin kamen wir am Mausoleum Ruchabad-Gur Emir vorbei, dem Grab Timurs, das auch heute von gläubigen Pilgern besucht wurde.

Der Registan (= Sandplatz) ist von drei Medressen umgeben, dem Wahrzeichen von Samarkand. Das Gebäude-Ensemble war beeindruckend. Die Innenhöfe sahen unterschiedlich aus. Schön waren um diese Jahreszeit die blühenden Obstbäume.

Abb. 109: Wahrzeichen Samarkands „die drei Medresen"

Abb. 110: Tillya Kari Madrassah (ip)

Abb. 108: Tillya Kari Madrassah

Viele usbekische Familien, aber auch auffallend viele ältere Männer sind uns an diesem Ort entgegengekommen und haben uns ständig aufgefordert, Fotos von ihnen zu machen.

In der Medrese Sherdor fanden wir, wie im Reiseführer beschrieben, den besonderen Musikladen, in dem man traditionelle Musikinstrumente, Audio-

kassetten mit Originalaufnahmen erstehen kann. Inzwischen hatte die Technik Einzug genommen und wir bekamen die Musik mittels Computer auf CD gebrannt. Der Ladenbesitzer war mächtig stolz, als wir ihm die drei Sätze zu seinem Geschäft aus unserem Reiseführer ins Englische übersetzten. „Er, und sein bereits verstorbener Meister, stünden in einem deutschen Buch und deshalb kämen die Menschen zu ihm" er strahlte übers ganze Gesicht. Trotzdem blieb er Geschäftsmann und knöpfte 10 €/ CD ab.

*Abb. 111 + 112: Usbeken bei der Be-
sichtigung in der Tillya Kari Medrese*

Weiter gingen wir zur Moschee Bibi-
Hauim, die der alten Königin und ersten Frau von Timor zugewidmet war,
die laut Legende, wegen eines intimen
Kusses mit dem Baumeister der Moschee ihr Leben lassen musste.

Abb. 113: Sher-Dor Madrassah (ip)

Abb. 114 + 115: Innenansichten

Abb. 116: Wandreliefs

Nicht weit davon lag der Basar, auf
dem „richtig ´was los" war. Feinsäuber-
lich nach Gewerken sortiert, Gemüse,
Obst, Brot, Fleisch, Süßwaren ... .
Durch die festen aus Stein und Beton
gebauten Stände wirkte dieser Markt
aber ein bisschen „steril".

Trotzdem haben orientalische Märkte
immer eine magische Anziehungskraft

auf mich – wir lieben dieses bunte Treiben, die Menschen, die Gerüche und exotischen Waren. Es bestätigte sich: in der „Brotabteilung" roch es ausgesprochen appetitlich, ...das war das Stichwort, nicht nur aufgrund der Tageszeit, schließlich war es schon Mittag, sondern auch nach all den sinnlichen Genüssen, meldete sich inzwischen mein Magen mit einem Knurren.

Wir fanden ein nettes Lokal, in dem viele Usbeken zu Mittag aßen und ich bekam mein erstes Legmann-Gericht (= lange Nudeln in würziger Gemüse-Fleischsuppe) und Peter eine panierte Frikadelle. Die Bedienung sprach gut spanisch, so dass sich Peter mit ihr endlich einmal gut über die Stadt unterhalten konnte. Gestärkt nahmen wir uns für 3.000 Sum ein Taxi (die Preise sind extrem verhandelbar – der erste Fahrer wollte satte 5.000 Sum, der zweite nur 2.400 Sum, aber dessen Auto sah aus, als wollte es gleich zusammenbrechen. Der dritte erhielt dann zu o.g. Preis den Zuschlag).

Abb. 121: Blick auf Shah-i-Zinda auf dem Hügel Afrosiab (ip)

Abb: 117 – 120 . Brotmarkt in Samarkand – Wurstverkauf im Laden

Dann ging es weiter zum Gur-e Amir, dem Familiengrab der Timurniden.

Wir machten noch einen kleinen Abstecher durch die Seitenstraßen, wo die „normalen" Leute wohnen.

Zurück im Hotel erwartete uns Nikolai, der uns zu den etwas außerhalb liegenden Stätten bringen sollte. Wir hatten bereits vormittags in der einen Medrese am Registan einen sehr schönen Teppich gesehen gehabt, den wir nun zu erstehen gedachten, und baten den Mann an der Rezeption Nikolai unser Anliegen zu übersetzen:

Abb. 122 + 123: Teppichfertigung in Samarkand (Bild oben die Färberei)

er solle mit uns zur Medrese fahren … Nikolai hatte aber einen interessanteren Vorschlag gleich mit Adresse – und so besuchten wir die originäre Teppichfabrik. Hier erfuhren wir einiges über die Gewinnung der Seide und über das Teppichknüpfen (in

deutscher Sprache, von einem cleveren Geschäftsführer, der auch schon Joschka Fischer einen Teppich verkauft hatte), geboren in Afghanistan, ein „Dr. med." und sonst noch „was". Peter erstand einen sehr ähnlichen Teppich zu dem aus der Medrese - aus einer besonders weichen Halshaarwolle von Schafen. Ich bekam als Gastgeschenk einen Schal (made in China – vielsagend, oder?).

Anschließend fuhren wir zur Nekropole Shah-i-Zinda, südlich des Afrosiyab.

Abb. 124 + 125(ip): Eingang und Fronten in der Nekropole Shah-i-Zinda

Eine Ansammlung vieler Mausoleen, die an einer (Trauer-)Straße aufgereiht sind. Bestechend anmutig sind die schönen Verzierungen mit den vielen, vorwiegend blauen und blaugrünen Kacheln.

Abb. 126: Kacheleingang

Daneben grenzt ein normaler Friedhof an, auffallend sind die bebilderten Grabsteine, ungewöhnlich für Muslime oder (oder handelt es sich um einen christlich-orthodoxen Friedhof)? Nikolai erklärte uns mit Händen und Füßen, dass es sich um einen muslimischen Friedhof handeln würde.

Abb. 127 - 130: In Shah-i-Zinda

Abb. 131: Neuer Friedhof neben der Nekropole

Wir besuchten noch das Observatorium und nahmen von hier nochmals einen Blick auf Bibi-Hauim.

Im Hotel legten wir erst mal unsere Einkäufe ab und gingen schlendern, durch die Einkaufstraße hinter unserem Hotel in Richtung Restaurant, wo wir den „erweiterten" Aperitif hatten. Bevor wir bei der nächsten Hochzeit vorbeischauten (einfach mal so um zu testen, ob wir wieder eingeladen würden) und wieder eine Einladung erhielten, die wir auch dieses mal dankend ablehnten, bekam ich das zu essen, was ich mir vorgestellt hatte.

Mit der Verständigung klappte es von Tag zu Tag besser.

Samarkand

Die Stadt, die den Auslöser für diese Reise gewesen war, präsentierte sich im Sturm, die Bäume konnten teilweise ihre Äste nicht halten, die Straßen waren übersät von Blättern und einmal versperrt durch einen umgeworfenen Baum. Es war nass und ungemütlich, viele Straßen und Wege im Umbau, so dass man nicht – wie gewohnt – schlendern konnte, sondern immer aufpassen musste, wohin man trat, das Hotel President mit 4 Sternchen war nur teilweise in Betrieb: die Sauna, zum Beispiel, und das Schwimmbad geschlossen.

Bei Sonnenschein, der uns am dritten Tag in Samarkand das Aufstehen erleichterte, wirkt das Ensemble der drei Medresen am Registan überwältigend und lässt „Geschichte" wach werden, wenn man durch die gewaltigen Innenhöfe flaniert und in den angrenzenden Kemenaten diverses Kunsthandwerk ausliegen sieht. Der Wunsch nach einem originären Teppich wurde hier geboren – manifestiert hat er sich dann in der weltweit bekannten Seidenteppichweberei, in der man uns in deutscher Sprache umwoben und wie einen Kokon eingesponnen hat, so dass in meinem Büro in Mannheim nun ein für den Eingangsbereich eingeplanter Teppich liegt, der zu schade ist, um mit Füßen getreten zu werden, zumindest nicht mit Straßenschuhen, weshalb er nun geschützter den Weg zum Bad dekoriert.

Den Afrosiab, also das alte Samarkand, haben wir mit Straßenschuhen betreten und sind über Hügel gelaufen, unter denen wohl noch recht viel „Geschichte" liegt, vielleicht zu guter letzt nicht ausgebuddelt, damit sie nicht irgendwo verschwindet. Es ist selbstverständlich verboten, Antiquarien zu verscherbeln und gar ins Ausland zu transferieren, doch wer will einem überwiegend armen Volk verwehren, sich, wo es geht, zu bedienen? Die Korruption ist überall spürbar und die heimliche oder unheimliche Vorteilsnahme auch: Jede missliche Lage eines anderen wird ausgenutzt, ein Tourist wird abgezockt, wo es nur geht.

Die Polizei an der Straße versucht, wenn es irgendwie geht, den Autofahrern, die ja bereits dadurch privilegiert sind, dass sie ein Auto haben, um sich fortzubewegen, Geld aus der Tasche zu ziehen. Vielfach wird noch rein alles dazu genutzt, was vier Beine hat und größer als ein Hund ist (also Kamel, Pferd, Muli, Kuh, Esel, …), etwas – und sei es sich – zu bewegen; auf einem Karren von zwei über drei bis vierrädrig.

Permanente Straßenkontrollen, Vorwürfe, zu schnell gefahren zu sein oder angehalten zu haben, wo es nicht erlaubt ist (weil wir irgendwo auf einer Brücke den sterbenden Flusslauf fotografiert haben), machen unseren Fahrer mürbe; aber sparsam wie er ist, hat er nie bezahlen müssen, was wohl auch auf sein „Visum" zurückzuführen sein musste, das er jeweils vorzeigte, um ungeschoren weiter zu kommen. „Polizei" steht überall: an jeder größeren Kreuzung, an Flughäfen in der Provinz, wenn diese einer Überlandstraße nahe sind, an Kraftwerken oder aber auch vor Fabrikanlagen. „Polizei" als uniformierte Holztafel und als Autoattrappe sieht man in anderen Ländern selten, hier ist sie auch so hoch präsent, um Präsenz zu zeigen. Dabei ist „rasen" kaum möglich, die Straßen lassen hohe Geschwindigkeiten nur zu, wenn man sein Material nicht wertschätzt. Wertschätzung hingegen erfährt der „Touristi", der auch entgegen der Fahrtrichtung in einer Einbahnstraße chauffiert werden darf – schließlich trägt der „Touristi" zum Devisenaufkommen bei und das zu mehren ist Staatsaufgabe, weshalb wir zum Foto-Shooting der berühmten Stätten mit Sonnenstrahlen, die wir im Nieselregen schon mal tags zuvor auf Celluloid gebannt hatten, eben auch entgegen der Regeln verfahren durften.

Die Regeln und Spielregeln werden eben global und sektoral vorgegeben und lokal interpretiert und in einem System der Mangelwirtschaft, wie in Usbekistan, im Sinne „leben und leben lassen" interpretiert, was nicht gerecht ausgeht, weil die Zeche in der Regel das Volk bezahlt, auch wenn manches Mal ein Betuchterer abkassiert wird. Der Präsident des Landes soll gesagt haben, dass ein Volk, das Hunderte von Jahren in Abhängigkeit gemanagt wurde, gar nicht in der Lage sei, demokratische Züge in der Politik wahr- und anzunehmen und deshalb klare Vorgaben eines Diktators brauche.

12. Tag (Mittwoch)

*Tagesausflug nach **Shahrisabz** (Shahr-e Sabs) ca. 150 km in die grüne Stadt.*

Um 9 Uhr waren wir mit Nikolai verabredet, zu unserem Tagesausflug nach **Shahrisabz**. Es ging in Richtung Berge – Zerafshan Range, die schneebedeckten Gipfel sind bis zu 4.425 m hoch. Der Pass, den wir fuhren, hat seine höchste Stelle bei 1.600m.

Die Landschaft ist schön, überall sattes grün und vereinzelte Bergdörfer, fast wie in den Alpen, nur dass hier die Straßen breiter sind und viele Schlaglöcher aufwiesen. Die Bauern verkauften hier am Straßenrand Rhabarber.

In Shahrisabz steht eine riesige Statue von Timor, vor den Ruinen seines einstigen weißen Palastes. Es war Feiertagsatmosphäre, die Straßen waren gesperrt worden, Schulkinder säumten mit Fähnchen bestückt den Straßenrand. Grund war ein Marathonlauf gewesen, den wir aber während unseres ganzen Aufenthaltes von mehreren Stunden nicht zu sehen kriegten.

Bis die Sportler kamen wurden wir, die Touristen, freundlich „Fähnchen-unszuwinkend" mit lautem Hallo bedacht. Wie schon in Samarkand waren auch hier viele einheimische Touristengruppen unterwegs, und wieder auffallend viele ältere Männer.

Abb. 132 + 133 (ip): Straße nach Shahrisabz

Abb. 135–137: Timor – auch von oben

Abb. 134: Kinder am Straßenrand (ip)

Der Blick auf den Park und den Ort oben vom Monument gab interessante Aspekte frei auf die Kultur des Landes. Im Park „arbeiteten" Schulklassen an ihrer malerischen Verfeinerung.

Abb. 138 Schüler beim Abzeichnen

Wir besuchten noch die Moschee und gingen zu Fuß vorbei an Einkaufsstraßen und kleinen Märkten.

Abb. 143 + 144: die Moschee in Shahrisabz

Abb. 139 - 142: ein ums andere ein Hochzeitszug ums Monument

Inzwischen meldeten sich unsere Mägen – Nikola versprach uns, dass es später unterwegs super Schaschlik gäbe. Also willigten wir ein und verschoben den Magen (bisher waren seine Empfehlungen immer ganz gut für uns gewesen). Deshalb fuhren wir die Passstrecke zurück – bis mein Magen gänzlich in den Knien hing. Auf Passhöhe erreichten wir ein Freilichtrestaurant direkt neben einem plätschernden Gebirgsbach.

Es war herrlich in der Sonne zu sitzen, wir waren umgeben von Usbeken, die hier die Küche genossen. Es gab frischen Salat mit bündelweise frischen Kräutern, dazu Suppe und Kebab und Schaschlik (es hatte sich gelohnt, zu warten). Nikola strahlte immer übers ganze Gesicht, wenn es ihm gelang, uns eine Freude zu machen.

Abb. 145 + 146: Mittagstisch im Freien in den Bergen – man schmaust auf ausladenden Sofas – in der Mitte wird das Essen aufgetischt

Wir besuchten noch das Grab des Propheten Daniel, dessen Besonderheit ist, dass der Sarg „wächst" und bereits 18 m lang ist. Einer Sage nach, wird demjenigen ein Wunsch erfüllt, der diesen Sarg 3 x umrundet hat.

Zurück in Samarkand ließen wir uns nochmals im Afrosyab absetzen, um uns nochmals den Kraftorten zu nähern. Wir sahen aber nur grasbewach-

sene Hügel auf einem kleinen Plateau. Nach 2.000 Jahren war aus Lehmhäusern nicht viel übrig geblieben.

Abb. 147: Schrein neben dem Daniel-Grab

Wieder zurück an der Hauptstraße nahmen wir ein Taxi zum Hotel. Eine kleine Erfrischung und dann gingen wir auch schon wieder los Richtung Registan. Mit gezückten Fotoapparaten, in der Hoffung, dass wir vielleicht dieses Mal Samarkands Wahrzeichen bei Sonnenlicht zu sehen bekämen.

Abb. 148: Peter und Ingeborg vor dem Registan in Samarkand

Leider spielte der wolkenverhangene Himmel – noch – nicht mit. Wir saßen noch eine Weile vor den Medresen auf einer Bank und ließen dieses beeindruckende Ensemble auf uns wirken.

Ingeborg Pauli + Peter M. Kunz

Nicht weit vom Registan wollten wir auf einem Balkon mit quasi „Blick auf den Registan" zum Abendessen. Wir machten aber schnell den Abflug aus dem Restaurant, nachdem wir von oben aus dem ersten Stock mit angesehen hatten, dass der Koch mit einem Gartenschlauch auf der Straße ein größeres rohes Stück Fleisch abgespült hat, und daran so lange gerochen und gespült hat, bis es … – das war uns nicht geheuer.

Wir tingelten also weiter durch Wohnquartiere, breite Parkanlagen und Prospekte, bis wir wieder in der Einkaufstraße unweit des Hotels angelangt waren. Vorbei an einer neuerlichen Hochzeitsgesellschaft, die uns auch wieder eingeladen hat, deckten wir uns mit Knabbersachen ein und gingen zurück zum Hotel; irgendwie hatte es uns den richtigen Hunger nach dem Anblick der Fleischvorbereitung verschlagen gehabt.

13. Tag (Donnerstag)

*Weiterfahrt nach **Tashkent** (ca. 4,5 Std). 2 Übernachtungen in Tashkent Hotel Intercontinental*

Nach Tashkent wären es direkt 280 km Luftlinie durch Kasachstan gewesen; da wir aber nur in Usbekistan fahren durften, mussten, wir mehr als 350 km und damit 4,5 Stunden Fahrzeit bewältigen. Am frühen Nachmittag erreichten wir Tashkent, nachdem wir unterwegs eine kleine Kaffeepause gemacht hatten. Nikolai wollte heim zu seiner Familie, das war an seinem Fahrstil deutlich geworden.

Im Hotel Intercontinental bekamen wir ein schönes Zimmer mit Blick auf Park und Fernsehturm.

Abb. 149: Hotel Intercontinental in Tashkent (ip)

Wir gingen zunächst gegenüber in ein Lokal zum Essen, allerdings verging mir auch hier gründlich der Appetit, nachdem ich sah, wie schmutzig das Wasserglas gewesen war, aus dem ich – im Dunkeln zuerst nichts sehend – gerade getrunken hatte. Zurück im Hotel brauchte ich erst mal einen doppelten Wodka – ich mag überhaupt keinen Wodka, hatte aber das starke Bedürfnis meinen Mageninhalt zu desinfizieren.

Mittags fuhren wir mit der Metro, mit einem Mal umsteigen, zum großen Basar. Nach einer halben Stunde waren wir angekommen. Dieser zentrale Markt in Tashkent hatte alles zu bieten, von Obst, Gemüse, Fleisch, Fisch, Milchprodukten, Kleidung, Schuhen und Haushaltsartikeln. Es gab fast alles, eben außer Waren aus Leder.

Es ist uns ein Rätsel geblieben, was die Usbeken mit ihren Tierhäuten machen, die es ja offensichtlich gibt. Es gab auch hier keine Lederschuhe !

Abb. 154 - 156: Farbige Akzente

Etwas außerhalb des eigentlichen Basars stießen wir auf weitere handwerkliche Angebote, zum Beispiel von Schreinern, die alle möglichen Bettgestelle aber auch Werkzeuge feilboten.

Wir waren inzwischen vom vielen Umherlaufen und Schauen ziemlich müde, außerdem verspürten wir mal wieder Hunger.

Abb. 150 – 153 (ip): Textiles+ Gewürze

Abb. 157 - 159: Holzwaren im Handwerker-Basar

Nach meiner mittäglichen Erfahrung gestaltete sich die Suche nach einem vertrauenswürdigen Restaurant nicht einfach. In einem von außen schönen Restaurant der gehobenen Klasse, war aber der Kellner nicht in der Lage, uns ein Glas Wein zu offerieren (er dürfe nur ganze Flaschen verkaufen) – also gingen wir wieder und landeten bei einem Italiener. Eigentlich bevorzugen wir auf unseren Reisen landestypisches Essen, aber in diesem Fall war das Nudelgericht mit Gemüse beim usbekischen Italiener ein Genuss – und damit verzeihlich.

14. Tag (Freitag)

*Tagesausflug nach **Chimgon** (ca. 80 km) in Richtung Chirchiq. Wanderung im Chimgan-Massiv, zum Dorf Yusupchona, Hochtal von Aksai Übernachtung in Tashkent.*

Wir konnten bis 8 Uhr ausschlafen, nachdem ich erst um halbzehn mit Nikolai für die Fahrt nach Chimgon verabredet war. Ich genoss aber zunächst das beste Frühstücksbüfett, das bisher Usbekistan zu bieten gehabt hatte.

Chimgon, das sind die gut 80 km entfernten Ausläufer des Tienshan-Gebirges Kirgistians hier mit noch mehreren 3.000ern: Im Winter ein beliebtes Wintersportgebiet und im Sommer beliebtes Ausflugsziel der Usbeken. Die Landschaft ist herrlich.

Die Fahrt mit dem etwas altertümlichen Sessellift dauerte fast 30 Minuten, es ging auf 2005 m hoch.

Abb. 160: Lift auf den Chimgon (ip)

Oben war es zugig, es sah fast so aus wie in den Alpen, es lagen Schneereste, aus den freien Flächen schauten aber die ersten Blümchen hervor.

Abb. 160: Chimgon-Massiv (ip)

Nach einiger Zeit der Stille, wollte ich wieder nach unten. Was mir bei der Ankunft oben nicht deutlich geworden war, war, dass der Lift getaktet fuhr und ich nicht nach unten fahren durfte, obwohl der Lift in Betrieb war.

Abb. 161: Sommerskigebiet (ip)

Das Bedienpersonal gab mir mit Händen (und Füßen) zu verstehen, dass ich nicht einsteigen dürfe, … Ich schaute mich am Himmel um, ob vielleicht eine Schlechtwetterfront aufkäme, aber nichts war zu erkennen gewesen. Der Lift spuckte noch eine Gruppe Touristen aus, dann stand er still. Die Touristen hatten sich Skier

ausgeliehen und fingen tatsächlich an, (unbeholfen) damit herumzurutschen…

Die Liftbetreiber deuteten mir an, dass um 16 Uhr der Lift wieder angeschmissen würde und ich dann zurückfahren könnte. „Das kann doch nicht wahr sein", dachte ich, es waren noch vier Stunden bis dahin! Weder Peter noch Nikolai wüssten Bescheid, und ich konnte keine Info absetzen: mein Handy hatte kein Netz. Das war mir zu viel Bergidylle. Ich wurde echt wütend und überlegte mir schließlich, zu Fuß zurück zu marschieren, was in gut ein bis zwei Stunden zu machen sein müsste.

Ich komme aber nicht weit, da ich im tiefen Schnee einsank und auch nicht wirklich ein Weg zu erkennen war. Außerdem wurde ich schon zurückgepfiffen, … also stapfte ich frustriert zurück zur Station.

Dem Liftbetreiber war meine Absicht klar geworden und er war ernstlich nervös geworden. Er redete mit den übrigen Leuten auf dem Berg und gab zu verstehen, dass sie jetzt runter fahren könnten. Dabei erfuhr ich, dass es sich um ein malayisches Fernsehteam handelte. Die Gruppe war richtig nett, hatten Spaß, mich zu filmen und nun komme ich irgendwann in Kuala Lumpur im Fernsehen. Dank meiner Intervention konnten sie ihre staksigen Skifahrversuche aufgeben, sie machten nämlich nicht den Eindruck, als würden sie das jetzt schlimm finden.

Ich fand es schade, dass ich aufgrund der unklaren Situation lange nicht und nur eingeschränkt die schöne Umgebung genießen konnte. Es machte einfach einen Unterschied, ob ich weiß, dass ich eine gewisse Zeit „Aufenthalt" habe, oder so wie damals im ungewissen blieb, wann die Bergtour beendet sein würde (davon abgesehen, dass es in Usbekistan keine warmen Skihütten gab und der Abstieg nicht wirklich eine Alternative gewesen wäre).

Als es endlich zurückging, war ich froh (um halb zwei bin ich dann an der Talstation angekommen).

Nikola hatte sich die Zeit mit einem Schläfchen, diversen Handyspielchen und Telefonieren vertrieben. Wir fuhren noch ein Stück und kamen zu einem Wirt, der einen hervorragenden Schaschlik machte. Danach kamen wir an einem Stausee mit angeschlossenem Elektrizitätswerk vorbei; im Rückblick die noch schneebedeckten Berge und das satte Grün der Wiesen davor, mit einigen verstreuten Kiefern und Laubbäumen. Gegen 16 Uhr war ich zurück im Hotel. Wir hatten für Nikola ein Geschenk gerichtet, das ich ihm gab, er grinste riesig.

Abb. 162: Stausee unter dem Chimgon (ip)

Peter war auch schon wieder im Hotel zurück (er hatte mit einem Herrn von der gtz (Gesellschaft für Technische

Zusammenarbeit in Eschborn) einen sehr interessanten Vormittag verbracht. Die gtz unterstützt die Ausbildung und hat inzwischen 32 Berufsschulen mit Informatik-Elementen ausgerüstet.

Abb. 163 - 165: Studenten in Tashkent – am PC und beim Elektronik-Quiz – ausgestattet durch die deutsche Entwicklungshilfe

Nach seinem Erfahrungsaustausch besuchte Peter noch das Stadtzentrum und hielt einige Eindrücke mit dem Foto fest.

Abb. 166 - 168: Ansichten in Tashkent

Den späten Nachmittag verbrachten wir gemeinsam im nahegelegenen Park und begegneten natürlich wieder – hier zum 4. Mal dokumentiert – unzähligen Hochzeitspaaren, die das Ambiente nutzten um vor dem Abend-

und nach dem Mittagessen sich mit ihren Gästen filmen und fotografieren und die Beine vertreten zu lassen. Dabei waren sie umringt von unzähligen Störchen (wer hat wohl zugebissen ?).

Abb. 169 + 170: Störche und Bräute

Wir tranken gemütlichen Kaffee und erfreuten uns an den fröhlichen Menschen im Park.

Abb. 171: Vergnügungspark-Landschaft vor dem Interconti

Um 18 Uhr waren wir mit der Geschäftsführerin der usbekisch-deutschen Gesellschaft zum Abendessen verabredet gewesen, mit der wir nicht weit vom Hotel in das Restaurant Serabon zum Essen gingen.

Abb. 172: Deutsch-usbekische Begegnung in Taskent

Wir speisten unter ihrer Anleitung und anregenden Gesprächen zum Thema Essen vorzüglich. Umgerechnet 40 € kostete ein exquisites Mal für drei Personen mit einer Flasche Wein, Vor- und Hauptspeise. Die Sorge, wie wir unsere restlichen 100.000 SUM loswerden könnten, hatte sich damit sehr einfach erledigt gehabt. Wir erfuhren noch eine ganze Menge Interessantes über Land und Leute und verbrachten einen sehr persönlichen Abend, den wir sehr genossen haben, weil wir aufgrund unserer mangelnden Sprachkenntnisse mit den Einheimischen nicht ins Gespräch gekommen waren.

Zurück im Hotel hatten wir noch alles Administrative zu erledigen, da wir früh um 4 Uhr abgeholt werden würden. Wir mussten ja zwei Stunden vor dem Abflug am Airport sein.

Auf dem Weg zum Zimmer haben wir noch folkloristische Töne vernommen, denen wir aber noch nachgingen und unversehens im Vorzimmer eines Restaurants landeten, in dem gerade eine geschlossene Gesellschaft tagte (es waren koreanische Staatsgäste, wie wir erfuhren, die mit einer Tanzaufführung beglückt wurden).

Abb. 173: Folkloretanzgruppe vor dem Auftritt

15. Tag (Sa) – 25.04.2009

Transfer zum Flughafen und Rückflug nach FRA. Ab TAS mit Flug HY231 06:35 Uhr an FRA 10:20 Uhr Weiterfahrt mit dem Zug nach Mannheim.

Schrecklich: um 3:30 Uhr aufstehen zu müssen. Obwohl ich schon einige Minuten vorher wach war, fiel mir das Aufstehen einerseits schwer, weil ich noch müde war, und trotzdem leicht, da eine gewisse Vorfreude auf Zuhause mitschwang. Da wir alles schon gerichtet hatten, reichte uns die halbe Stunde locker für eine kurze Katzenwäsche. Nicola war schon wieder da, so dass wir nur 15 Minuten durch das nächtliche Tashkent zum Flughafen brauchten. Es lief reibungslos. Im Vergleich zu unserer Ausreise aus Dehli waren die Usbeken echt gut organisiert. Abgesehen davon, dass wir an der Station für die Durchleuchtung die Schuhe, Gürtel und fast alles ausziehen mussten, wurde uns erlaubt, die original verschlossene 0,5 Liter Wasserflasche mitzunehmen, was ja sonst immer Probleme machte. An der Flughafen-Bar bestellten wir noch zwei Kaffee mit Milch. Milch war „aus", naja, dann eben nur zwei Tassen heißes Wasser, da wir (wie immer) noch Päckchen mit fertigem Nescafé mit uns hatten.

Um 10:20 Uhr landeten wir nach einem ruhigen Flug wieder gut in Frankfurt/ Main.

Ende

Literatur

- Judith Peltz: Usbekistan entdecken. Entlang der Seidenstraße nach Samarkand, Buchara und Chiwa. Trescher-Verlag. 5. Auflage, 2007

- Britta Wollenweber, Peter Franke (Hrsg.): Usbekistan. Land zwischen Orient und Okzident. Reiseführer für den Hintergrund. Wostok-Verlag, 2. erweiterte Auflage, 2007

- Dörte Domaschke: Usbekistan. Auf der Suche nach der Märchenwelt aus 1001 Nacht. Wiesenburg-Verlag, 2008

- Olga Kharitidi: Samarkand. Eine Reise in die Tiefen der Seele. List-Verlag, 2001

- Zentralasien Straßenkarte von Reise Know-how, 3. Auflage, 2008

Usbekistan Mini Guide

Usbekistan, auf usbekisch = O'zbekistion ist eine der fünf ehemaligen mittelasiatischen Sowjetrepubliken, mit rund 27 Millionen Einwohnern, überwiegend muslimischer Religion. Gehört zu den Turkvölkern, etwa 15% der Bevölkerung sind Russen. Usbekistan grenzt im Süden an Afghanistan, im Westen an Turkmenistan, im Norden und Westen an Kasachstan, im Nordosten an Kirgisistan und im Osten an Tadschikistan.

www.derreiseführer.com

Reise Organisation über

Reisebüro Lesser GmbH
Rheinstraße 76 – 82
D-76532 Baden-Baden
Tel: 07221/50459-14
www.fliegen24.com

Ingeborg Pauli + Peter M. Kunz